日本史のエクリチュール

大隅和雄

目　次

はじめに……7

第一章　神々と歴史……17

一　神々の世……17

神代と人皇の代／神世のあり方／無時間の世界

二　日本史の特質……25

固有の神々の君臨／天皇の系譜／藤原氏の立場

三　歴史を動かすもの……33

権化の人／縁起と歴史／神仏と歴史

第二章　国家の記録……43

一　官撰の歴史……43

六国史の編纂／実録的な性格／国史の形式

二　国史の書き方……51

漢文の実録／記述者の立場／人物の評価
三　国史の伝統……60
国史の解体／国史書き継ぎの努力／公的な歴史の系譜
第三章　歴史の物語……69
一　世継の翁……69
歴史を語る場／歴史の語り手／歴史の聞き手
二　物語の形式……77
物語の成立／現場にいた人／関心の範囲
三　歴史の物語の周辺……85
語り手の性格／歴史の背後／倫理道徳の規範
第四章　説話の集成……91
一　歴史の周縁……91
歴史と説話／舞台の上と外／舞台の裏と下の話
二　断片の集積……100
説話への関心／説話の蒐集／説話集の読まれ方
三　象徴と典型……109

歴史の名場面／典型的な人物／歴史の表現
第五章　合戦の物語……115
一　合戦と歴史……115
内乱と歴史／合戦の記録／軍記の成立
二　歴史と語り……123
情報の伝達／語り手と聞き手／軍記と説話
三　合戦への視点……131
見立ての叙述／無常観と歴史／軍記の系譜
第六章　家と個人の経歴……139
一　家の歴史……139
先祖の事績／先祖と歴史／家の栄枯
二　伝記……147
生涯の総括／僧伝の集成／人物史と歴史
三　自叙伝……155
個人の日記／自撰の年譜／自叙伝と歴史

第七章　史書と史論の伝統……163
一　歴史の流れと時間……163
世の移り変わり／末法思想と歴史／道理の推移
二　歴史への視点……172
神皇の系譜／乱世の統一者／歴史の大観
三　歴史を書く立場……180
貴族と武士／中央と地方／国家の歴史
あとがき……187
参考文献……190
解　説（王小林）……193

はじめに

トルストイの後期の作品に、『木の皮屋根のついた蜜蜂の巣の異なった二つの歴史』という短編がある。木の皮の屋根のついた巣に住む蜂が、自分たちの巣の歴史を書くという話で、蜂たちの間における立場の相違から、二種類の歴史が書かれることになる経緯が述べられており、簡潔な小品ではあるがなかなか深い意味が込められた作品である。

二つの歴史のうちまず第一のものは、雄蜂の史料編纂官プループルーによって編纂されたが、それはつぎのような内容からなっていた。

著名なる雄蜂たちの手記。雄蜂の兄デーベ殿下とその弟クークー閣下との往復書簡。

宮内式部官報。雄蜂の口碑伝説。歌謡、ロマンス。雄蜂と蜜蜂相互間の刑事及び民事事件。他の巣よりするかぶと虫、ぶよ、雄蜂らの旅行記。巣の各時期における蜜の量に関する統計的報告。（中村白葉訳）

雄蜂たちの中から選ばれた史料編纂官は、精力的に仕事を進め、蜂の巣の歴史を編纂して行くが、その歴史は、蜂の巣が分裂して新しい巣が出現する六月初めの頃から書きはじめられた。そこでは、もとの巣から分かれた新しい巣が、正しい秩序のもとに発展して富を蓄え、力を誇るようになり、他の巣を圧倒して行くさまを明らかにすることが、木の皮屋根のついた蜂の巣の歴史であると考えられていたわけである。

ところが、雄蜂たちの歴史編纂の仕事が進む中で、多くの働き蜂たちは、その歴史とは違う別のことがらを、自分たちの巣の歴史として思い描きはじめる。六月初めの新しい巣の分出《ぶんしゅつ》よりもずっと前、雪解けのなかで早春の花々が咲きはじめると同時に、蜜蜂の活動ははじまっていた。したがって、働き蜂たちが考えた蜂の巣の歴史は、雄蜂たちが重視する分蜂というできごととはかかわりなく、早春にはじまり、春から夏へ、夏から秋へ、そして冬へと大自然の推移とともに、生まれ、栄え、うつろって行く働き蜂の営みを中心にして書き進められるわけで、それは、雄蜂たちが編纂する権力と支配の歴史とは異なった、もう一つの蜂の巣の歴史であった。

トルストイが、『戦争と平和』の中でナポレオンに占領されたモスクワを女王蜂が去って終焉を迎えようとしている蜜蜂の巣に譬《たと》えながら描いている部分は、戦争によって荒廃してゆくロシアの都の姿を鮮やかに描き出したものとして有名な一節であるが、この短編も、鋭い観察に基づいてとらえられた蜜蜂の生活に譬えながら、歴史というものの性格をとらえ、簡潔に描き出したものとして、優れた文章であり、働き蜂たちの主張には、晩年のトルストイが、ロシアの社会を深く見つめ、やがて起こる革命を予見していたことを思わせるものがある。

雄蜂の史科編纂官が、精力的に蒐集した多彩な史料によって浮かび上がらせようとしたものは、まさしく木の皮屋根のついた蜜蜂の巣の歴史であったが、働き蜂たちが描こうとしたのも、木の皮屋根のついた蜜蜂の巣で生きぬいた蜂の歴史である。

小さな蜂の巣の歴史でも、それを書こうとすれば、さまざまなとらえ方がある。何世紀にもわたる人間社会の歴史を書こうとすれば、その見方、とらえ方、書き方が、さまざまにあることはいうまでもない。しかし、歴史を見るという場合に、何を歴史として見るかを考えれば、それが、自然を観察したり、美術館で絵画や彫刻を見たりするように、簡単には行かないことに気がつくであろう。もっとも、自然といっても何を自然として観察するのか、美術館に並べられているものがなぜ美術的なものなのかと考えれば、同じような問題は出てくるが、歴史の場合には、自然や美術品にくらべて実体のあり方が複雑であることはたしかである。

世間で、歴史観ということばはよく用いられているが、それは対象としての歴史が人々の前に実体として在り、人々がそれぞれの立場でその歴史を観るというような簡単なものではない。観る対象としての歴史は、その時代までに考えられ、書かれてきた歴史であり、そこに無制限の多様性があり、自由な選択が可能なわけではない。言い換えれば、歴史というものは、それを考え、書いてきた民族なり、社会なりの文化そのものであって、それぞれが個人的な立場で歴史を観るとはいっても、観ている歴史自体、長い間語り伝えられ、書かれてきた歴史が、幾重にも複雑に重なり合ってつくられているということを見落すわけには行かないであろう。

歴史は過去のさまざまな事実を確かめ、その推移を叙述したものであるが、それはことばで語られ、文字で記述されたものとして受け継がれてきた。現代では、科学技術を駆使して、ことばや文字のみに頼るのではなく、過去のさまざまな遺物や遺跡からも、多方面の情報を引き出すことができるようになった。歴史を見る場合の対象として、実体として在る部分が、今後徐々に豊かになって行くに違いない。また、ことばと文字のみに頼るのではなく、映像や音響などの持つ表現力を総合して、過去の人間の生活や社会を浮かび上がらせ、人々に伝える方法が考えられ、それも今後次第に発展し、豊かになって行くであろう。しかし、それは二十一世紀の歴史学のことで、人間が文字を持つようになって以来、何十世紀にわたって、歴史というものは、文字で書き続けられ、文字を通じて考えられてきた。

歴史の記述の仕方はさまざまで、そこに歴史固有の形式があるわけではない。それは神話や帝王の系図をはじめ、追悼や記念の文、法律の沿革の説明や裁判の記録などの形を借りることも多く、叙事詩や劇、物語や説話、評論や小説の形式で綴《つづ》られることもある。近代になって歴史学が成立し、過去の事実を明らかにするために、厳密な手続きが必要とされるようになると、歴史の研究によって明らかにされた史実を客観的に述べることに、歴史叙述の主眼が置かれるようになったが、事実を明らかにする論証の過程を記述することや、客観的な中正を装う教科書の、無味乾燥な書き方だけが正統な歴史叙述であるわけではなく、まして歴史学の難解な研究論文が、歴史を書ききったものとして広く認められているわけでもない。

日本人は六、七世紀になって、中国・朝鮮の文化的・政治的な影響のもとで、自分の国の歴史というものを強く意識しはじめ、歴史の編纂を企てるようになったが、その時、日本の歴史はどのような形で考えられたのであろうか。それよりさき、『宋書東夷伝』の「倭王武の上表文」に見える、

> 昔より祖禰《そでい》躬《みずか》ら甲冑を環《つらぬ》き、山川を跋渉《ばっしょう》して、寧処《ねいしょ》遑《いとま》あらず、東、毛人を征すること五十五国、西、衆夷を服すること六十六国、渡りて海北を平ぐること九十五国……

という文章は、現在私たちが見ることのできる、最古の日本歴史の記述といってよいが、中国や朝鮮の国々に対して自分の国、つまり倭の国の歴史を誇った王は、日本の国を治めて行くためにも、歴史を書き記すことをはじめていた。上祖の意富比垝《おほひこ》から乎獲居《をわけ》にいたる八代の系譜を刻んだ「稲荷山鉄剣」

の銘文をはじめとする金石文は、そうした早い時代に生まれた歴史記述の例であろう。

漢字を学び、用いることができるようになった日本人は、どのような書き方で、自分の国の歴史を書いてきたのであろうか。日本人が、自分たちの歴史を書こうとした時、何を記述の中心に据えて歴史をとらえ、どのような文体と形式を選んできたかを考えることは、日本の文化について考える上で、極めて重要な問題の一つであると思われる。

八世紀に『古事記』『日本書紀』がまとめられて以来、日本人が書き残し、多くの人々によって読み継がれてきた日本の歴史は、厖大な巻数に及んでいる。一つ一つの歴史書は、それを書いた人々の歴史に対するぬきさしならない関心に支えられているが、それらに歴史書として形を整えさせた伝承や史料がどのようなものであったかを考え、背後に幾重にも重なっている歴史の見方を、掘り起こしてみると、それが語りかけてくるものは限りなく広がって行く。

しかも、ここで一つ一つの歴史書についてではなく、改めて日本歴史の書き方、書かれ方一般について考えようとすると、問題は多方面に広がり、論点を簡明に整理し、問題のありかを指摘することは容易ではないといわざるをえない。以下に述べたことは、日本歴史の書かれ方に関する極めて拙い私なりのノートであるが、編集部から与えられたこの小冊子の表題について考えるための、糸口の一つになれば、望外の幸せである。

第一章　神々と歴史

一　神々の世

神代と人皇の代

日本最古の歴史書といえば、誰でもまず、八世紀のはじめに成立した『古事記』と『日本書紀』を思い浮かべるであろう。記紀と呼ばれるこの二つの古典が完成するまでの事情は複雑で、その経緯にはまだ解明されていないことが多いが、先行する歴史叙述やもとになった資料のほとんどは、早く失われてしまい、この二書だけが最古の歴史書として私たちの前に残されている。記紀がまとめられて以来、日本の国の歴史を書こうとした人々は、冒頭の部分についての知識を、もっぱらこの二書から得てきた。もし『日本書紀』がなかったら、奈良時代以前の歴史を現在に知られているような形で辿ることは、ほとんど不可能に近いし、二つの書が日本の国家形成期の歴史を伝える、かけがえのない古典であることはいうまでもない。

日本という国の成り立ちについて考える場合、『古事記』『日本書紀』が後世に及ぼした影響の大きさは量り知れない。それはさまざまな分野にわたっているが、その一つとして、二つの書が神話と歴史を連続させるかたちで、日本の歴史を叙述したことがあげられよう。『古事記』は上中下三巻のうち上巻を天地開闢《かいびゃく》にはじまって神武天皇の前までの記述にあて、『日本書紀』も全三十巻のうち冒頭の二巻を、神代の叙述に割いている。

かつて小学校の国定教科書をはじめ、公的な日本歴史の叙述は、記紀神話の天地開闢の段にはじまり、天照大神《あまてらすおおかみ》の出現、天孫の降臨へと続き、人皇第一代神武天皇の東征と即位を語って、日本歴史の特性を明らかにしてから、歴代天皇の事績と治世を述べて行くという形式をとるのが一般であったが、それは

『古事記』『日本書紀』によって定型化され、その後日本歴史の書き方の基本的な型として根強く受け継がれてきた。

記紀の中で、神代と人皇の代とは、天孫降臨と神武東征という二つの神話によって連結されているが、それはつぎのような筋になっている。高天原《たかまがはら》で神々の中心に立つ天照大神は、直系の子孫にあたるニニギノミコトを、天上の高天原から地上に下して、地上の国を治めさせることにする。天孫ニニギノミコトは、多くの神々を従え、雲を押し分け押し分け、日向の高千穂の峯に下り、その後天照大神の子孫は三代の間日向の地を治め、四代目に人皇第一代の神武天皇が現れるというわけである。

ところで、記紀は、天上から降臨した神孫三代の治世は、百七十九万余年であったと述べているが、それはそのまま歴史の叙述として受け入れられるものであろうか。記紀における神話と歴史の繋がりについては、すでに、近代以前にも多くの人々が疑問を抱き、合理的な解釈を加えようと苦心してきた。にもかかわらず、神話と歴史を連続させて歴史を書くことが、根強い伝統になってきたのはなぜであろうか。

神世のあり方

かつての国定教科書をはじめ、伝統的な書き方で書かれた日本歴史の叙述に接すると、私たちは、日本の歴史には、まず初めに神々の時代があり、それが終わってから人皇の時代になったのだという読み方をする。一見、記紀の書き方はそうなっているようであるが、本当に記紀の中で神世と人皇の世は、同じ時間の流れの中で自然に繋がっているものなのだろうか。

カミヨ（神世・神代）ということばを、多くの辞書は、人間の時代に先立つ神々の時代と説明している。『万葉集』には「神代より斯くにあるらし……」「神代より言ひ伝て来らく……」というような表現が何度も出てくるし、『古語拾遺』も神代という語を人間の時代に先立つ時代という意味で使っているが、『古事記』『日本書紀』には、「神世」という文字は、「国常立尊《くにとこだちのみこと》より伊弉諾尊《いざなぎのみこと》・伊弉冉尊《いざなみのみこと》まで、是を神世七代と謂ふ。」（古事記も同じ意味の文）という説明で一度ずつしか見えず、「神代」の語は『日本書紀』の巻の題名として現れるだけで、神代から人皇の代へと連続するという書き方をしている所を見つけるのは難しい。

たしかに、記紀の叙述の柱になっている神と天皇の系譜だけに気をとられて、神代から人皇の代へと読み進んで行くと、神話と歴史は一続きのものであるように見えるが、少し視点を変えて見ると、二つの世界が単純に繋がっているわけではないことに気づくはずである。先にも触れたが、『日本書紀』の第三巻の神武天皇の即位前紀を見ると、日向の国にいた神武天皇は、兄や皇子たちに対してつぎのようなことを述べたと書かれている。

むかし、わが天神の高皇産霊尊《たかみむすびのみこと》と大日孁尊《おおひるめのみこと》は、この豊葦原瑞穂国をすべてわが天祖の彦火瓊々杵尊《ひこほのににぎのみこと》に授けられた。そこで火瓊々杵尊は天のいわくらを開き、雲路をおしわけて、先ばらいをたてて地上に降臨された、このとき、この世はまだ野蕃で草昧であった。そこで、その蒙昧の中にありながら、みずから正しい道を養って、この西のはずれの日向を治めておられた。その後、わが祖と父の尊とは、神ひじりのように徳高く、善政をかさね、恩沢も行きとどき、かくして年月が経過した。天祖（瓊々杵尊）が降臨されてからこのかた、今までに百七十九万二千四百七十余歳たっている。

（川副武胤訳）

神武天皇が、自らの立場を語ることばはまだ続くが、そこにある日向三代の治世百七十九万年という時間を考えてみると、それが歴史の時間を測る単位としては具体的な意味を持たず、無時間とでもいわざるを得ないものであることは明らかであろう。当の神武天皇は、自らの立場を宣言した後、東に向かって軍を進め、大和に入って国の基礎を固めて没したが、「（即位）七十有六年の春三月の甲午の朔甲辰に、天皇、橿原宮に崩りましぬ。時に年一百二十七歳。」とあるように、その寿命には少々水増しはあるものの、人間の歴史の時間の中に収まっており、八十三万六千四十三年の治世を持った父ウガヤフキアヘズと、その子神武天皇とが同じ世界の存在とは考えられないのは明らかであろう。

無時間の世界

神世の記述の中に現れる神々の中には、歴史の時代に入って以後、諸所の神社の祭神として祭られてきた神が少なくない。中でも最貴の神である天照大神は、伊勢の内宮に祭られ、実際にそこに鎮座しているものとして、斎宮をはじめ数多くの人々の奉仕を受けた。日々の御食《みけ》と祭りの、夏冬の神御衣《かむみそ》、そして二十年毎の神殿の建て替えは現代でも続けられており、歴代の首相は伊勢神宮に参詣するのを例としている。

天照大神は、自ら託宣して諸国を遍歴したのち、神意に適った伊勢の地に鎮座したと『日本書紀』にあるが、古い時代にはしばしば託宣を下して政治の方向を示し、中世以降になっても国家的な大事に際しては、天皇の祈願を受けて、国土を護る力を発揮するものと信じられていた。伊勢神宮のような規模と権威を持たなくても、諸国の神社に祭られている威力の大きな神々も、基本的には同じような存在であったといってよい。

そう考えて見ると、神代の神々は、人皇の代に入っても、けっして死んでしまったり、消えてしまったりしたわけではない。神々はいわば不死の存在として、生まれたり死んだりする人間とは別であり、人間のいる歴史の世界を、無時間の世界としての神世が覆う形になっている。神代と人皇の代とは、神代が時代の一区切りとして終わり、つぎに人皇の時代になったという関係にはなく、人間の歴史がはじまった後にも、神世はなくなってはいないのである。

歴代の天皇は、歴史の世界に生まれ、死んで行くものであり、当然、病や老から逃れることはできない。しかし、その系譜は神に発しているのであるから、遡《さかのぼ》って行けば、発端の所で神代に接することになる。したがって、天皇の系譜を説明するためには、そのはじめの所で神世のことを語ることになるが、神々の世界は、無時間の世界として私たちの世界を常に覆っており、神々の世界の下で、人間の世の中が時間とともに移り変わって行くというかたちになる。

こうした点に注意して見れば、『古事記』『日本書紀』の中で神代と人皇の代とが、単純に連続しているわけではないことがわかるであろう。記紀のもとになった伝承を伝えていた人々が、神と人間を区別していなかったわけではないし、記紀の編纂者たちが、神代をそのまま歴史として叙述したわけではない。近代の人間だけが、合理的、科学的な目で歴史を見ることができるような錯覚を持つ人があるが、事はそう単純ではなく、神代と人皇の代との違いや連結のさせ方について、古代の日本人がめぐらした考えの広さと深さは、一筋縄ではとらえきれないもののように思われる。そして実際に、それが現代でも多くの人々を縛っていることは、ここに記すまでもないであろう。

二　日本史の特質

固有の神々の君臨

日本人が、現在残されているような形で自分の国の歴史をまとめようとしたのは、対外的な意識の下で日本というものを自覚し、日本の立場を主張しようとしたからであった。中国では、国家の大本を示すために整った歴史書が編纂されていることを知って、日本もそれに準ずる歴史を持とうとしたことが、大がかりな国史編纂のきっかけになったのであろう。律令国家が、八世紀初頭から二世紀にわたって編纂しつづけた正史、『日本書紀』『続日本紀』『日本後紀』『続日本後紀』『日本文徳天皇実録』『日本三代実録』は、古来六国史と総称されているが、全書名に共通して「日本」の文字があることに、国史編纂の意識の一面があらわれている。

律令時代の貴族官人たちにとって、文化的な面の母国ともいうべき中国には、長い正史編纂の伝統があった。文字を書き文章を綴ることを中国に学んだ日本人が、常に中国の正史を意識しながら、国史の編纂を続けたことはいうまでもないであろう。ところが、中国の正史には、記紀のような形で神話的なものは記されていない。『史記』の中で三皇五帝の事績は、人間の事として記されており、人間を超えたものの活動を歴史として記すことをしないのが、中国の歴史の書き方の基本であった。

それならばなぜ『古事記』と『日本書紀』は、歴史の冒頭に神世の事を置いたのであろうか。中国、朝鮮との接触の中で、暦や紀年の知識を得た日本人にとって、中国は普遍的なものに直結する世界であった。文字通りに四海・天下というものを考えるとすれば、日本は、中国・朝鮮と一つの世界にあって同じ天を仰ぐことになり、普遍的な天意のもとで歴史が形づくられて行くことになる。しかし、中国の学問・思想についてかなりの理解を持つようになった時代でも、日本人は中国とともに一つの天を仰いでいるという考えを、つきつめることをせず、曖昧にしたままであった。

国内の統一を達成した大和朝廷は、日本の支配者としての正統性を自己完結的に説明し、先進的な文化をもつ中国、朝鮮に対して、日本の独自性を主張しようとした。そして、そのために日本には固有の神々が君臨していることを述べ、その神々によって日本の特殊性が支えられていると主張したのであった。

天皇の系譜

記紀編纂のもとになった日本の国の歴史というものは、大和朝廷の大王の系譜を読み上げることを柱にして、歴代の大王たちの事績を語るものであった。系譜とそれにまつわる物語を、中国の文字とことばで記述することによって、最初の国史が纏められたが、そこで大きな問題として浮かび上がったのが、天皇の説明の仕方であった。

中国の歴史の世界は、天の意志によって動いており、具体的には天命を受けた天子が歴史を導いて行くと考えられている。しかし、天子は人間であるから、完全に天意を体現することはできず、天命に背くことも避けられない。天子が天意に背くと、人心は離れて別の人物につくようになり、人民の支持を得た者に天命が下っていたことが、結果的に明らかになる。ところが、日本の天皇は、神の子孫として系譜上選択の余地のない存在であったから、こうした中国の歴史の考え方を、そのまま日本の歴史に適用することはできなかった。日本の国家の中核にある天皇というものは、中国の天子と同じに考えることはできず、天皇は最貴の神の直系の子孫であるが故に天皇であり、万世にわたって一系に継承されて行くことにその基本的な性格があるとされていたのである。

世の中の移り変わりを記して行く歴史の中で、一貫して変わらないものがあることを主張しようとすれば、歴史を超えた別の原理を根拠にしなければ、その正統化はできない。歴史を超えた天や、天地を創造した神によって歴史が動かされていると確信すれば、歴史の中に変わらぬものがあることを説くことは容易であろう。記紀の編纂者は、歴史を超えたものとして、神世のできごとを冒頭に掲げた。記紀神話は、歴史の最初の部分として書かれているというよりも、日本の歴史を超えるものを、歴史の冒頭で明らかにするために置かれているわけである。

中国の天子とは違って、日本の天皇は一貫して皇室からしか出ない。万世一系という天皇のあり方は、歴史を超えているのであるから、それはさだめなく移り変わる歴史の中で、人間によって決められたことなのではなく、無時間の世界である神世で、神々によって決められたことでなければならなかった。天孫降臨に際して、天照大神が、天皇のあり方は天壌《てんじょう》とともに無窮《むきゅう》であると宣言したと説くことによって、日本の歴史の基本を明らかにしようとしたわけで、歴史のはじめに神世のことを記したのは、そのためであった。

天皇の系譜は、それを遡って行けば発端は無時間の世界である神世に接している。しかし、それは、無時間の世界と歴史の世界とが、時の流れとしてひと続きに繋がっているということを言おうとしたものではなかった。

藤原氏の立場

冒頭に神話を掲げる歴史叙述の型は、以上のように天皇の正統化と結びつくものであったが、日本の古典文化を生み出した貴族社会を支えたのは藤原氏であったから、その後、日本の歴史の書き方は、藤原氏の立場を正統化することにも繋がっていった。天皇が皇室からしか出ないのが日本の歴史の原則であり、それが神世に決められたために、歴史を超えて不変の原則であるとすれば、藤原氏も自らの立場を、記紀の神話によって正統化しようとしたのは自然の流れであった。鎌倉時代の初頭に書かれた『愚管抄』という歴史書は、揺らぎはじめた藤原氏の立場を擁護するために、神世における神々の約束なるものを持ち出している。

『愚管抄』の著者慈円は、神世に、皇室と藤原氏との祖神である天照大神とアメノコヤネノミコトとの間で、天皇を補佐する臣は藤原氏からしか出さないという約束が交わされたという。『日本書紀』の天孫降臨の段に、ニニギノミコトが地上に下る時、皇祖神がアメノコヤネノミコトに対して、子孫に天皇を守らせるよう命ずるところがあるが、慈円はその僅かな記述を根拠にして、藤原氏の立場を正統化し、それが歴史を超えた原則であることを主張しようとしたのであった。

歴史というものは、世の中の移り変わりを記録することによって成り立つ。しかし、人間は、世の中の移り変わりを見つめながら、その中に変わらないものを見出そうとするものでもある。国家の変わらぬ秩序を明らかにするために、政府は歴史を編纂しようとするが、中国や朝鮮半島の国々に対して日本という国の特質を主張するために、『古事記』『日本書紀』が編纂された時、日本の歴史を一貫して流れている、変わらないものとして第一に掲げられたのは、天皇のあり方であった。そして、移り変わる歴史の中にあって、一貫して変わらぬものは、神世に定められたからこそ歴史を超えたものであると考えられたのである。

日本人が単純に、神話と歴史をそのまま一続きのものとして見ていたのかというと、そうではない。平安時代の半ば、六国史の記事のすべてを項目別に分類再編成して『類聚国史』という書を作った菅原道真は、神代の巻を別扱いにしたし、『愚管抄』を書いた慈円も、国初以来の日本国の歴史を書こうとして、その中に神代のことを入れてはいない。さらに後の時代に入って、新井白石が、神代の記事を人間の歴史として合理的に読み換えようとして、苦心したこともよく知られている。

記紀神話と歴史とを連続させることを、非合理的、非科学的と批判することは簡単であるが、合理的に歴史を見ることができるのが、現代人だけだというわけではあるまい。ここでもう少し、なぜ日本人が歴史の冒頭に神話を据えてきたのかを考えてみる必要があるように思われる。

三　歴史を動かすもの

権化の人

世の中のできごとを記録して、その移り変わりを記述しながら、他方で、歴史の中に一貫して変わらないものがあり、変化するものにも何かの方向性があると考える。歴史はそういう性格をもっているが、人々が、一貫して変わらぬものを支え、或る方向に導く何ものかが存在することを想像したのもまた自然のことであった。日本人は、皇統の継続のこと以外に、神や仏が強大な意志と力とを持って、一方的に人間の歴史を動かしているようには考えなかった。しかし、現実の歴史は時々刻々と動いており、それが人々の期待や願いに反することも少なくなかったから、歴史の動きの中に、人間を超えたものの力が働いていると考えたのも、自然のなり行きであった。

そこで、人々は、神世の存在である神々が仮に人間の姿をとって歴史の中に現れ、歴史を動かすことがあると考えた。仏教が入ってきた時、日本人は仏菩薩の世界について、それが神々の世界とどのような関係にあるのかを、つきつめて考えることをしなかったから、仏菩薩も曖昧なままに神世の存在として受け入れられた。そこで、神や仏菩薩が歴史の中に現れることになるが、換言すれば、人々を動かし、歴史の流れを大きく変えたように見える人物は、ただの人間ではなく、実は神や仏菩薩の化身だったと考えたのである。

例えば、『愚管抄』は、日本の歴史の大きな変わり目に、四人の観音の化身を登場させて、歴史の転換を説明している。聖徳太子は、日本の国に仏教を受け入れ、その力によって世の中を保つという方向を明らかにし、藤原鎌足は、世の衰えとともに天皇の親政が難しくなったとき、天皇を補佐する臣家というものが必要になるということを明らかにした。また菅原道真は、天皇を補佐する役割を果たすのは、藤原氏に限るという原則を示した。そして、最後に天台座主の良源は、藤原氏といっても幅広いので、九条殿師輔の子孫こそ補佐の臣たるべきものであるという方針を明らかにしたというが、慈円は、その四人はただの人ではなく観音の化身であったことは、疑いのないことだと記している。

慈円は、歴史の大きな変わり目ごとに、観音の化身が現れて世の中を新しい方向に導いたという。時代によって、化現の本体を何と考えるかという相違はあるが、日本人は歴史の中で、大きな変化を説明する場合に、その時代を指導したと思われる人物を、神仏の化身であったと考えて、歴史の移り変わりを肯定し、事後追認するのが一般であった。どのような変化でも、それが人間を超えた神仏の化身によって実現されたものであれば、それは受け入れざるをえないと考えたのである。

豊臣秀吉は、豊国大明神であったと説いて神社にまつり、徳川家康は、東照大権現であったとして、大規模な神社を創建するのは、そうした考え方が一般に流れているからに違いない。近代への転換の中心にあった指導者として、明治天皇を仰いで明治神宮に祭り、数々の幕末維新の志士を神社に祭ったことも、そうした歴史の考え方と無縁ではない。歴史を大きく変えるような役割を果たした人は、死後神仏として祭られるのではなく、もともと神仏であったのであり、その人物の働きは、人間の歴史を覆っている無時間的な神世と、歴史の世界との触れ合いの徴《しるし》なのである。

縁起と歴史

多くの日本人は、漠然とではあるが神仏の存在を信じ、神社仏閣に参詣して祈願する。心の対象になっている神や仏がいかなるものであるかについては、極めて曖昧な考え方しかされていないが、人々がその存在を否定することなく、消極的であるにせよ信じていることは、新年の参詣や交通安全、学業成就などの祈願の盛んなことを見れば、確かなことであろう。そして、そういう考え方は、世の中の動きを読み解くこと、つまり日本人の歴史の見方と無関係ではない。

神仏が人間の世の中に現れる場合には、特別の人間がその声を感得するわけであるが、それればかりではなく、神仏が申し子などの奇蹟を通じて人の子として生まれ、常の人間とは異なる生き方をして、人々に日常的なものを超えた何かを示し、世の中を動かすと考えられることも少なくない。事が成就した後、人々は神仏を感得した人物や、歴史を動かしたと思われる人物が、ただの人ではなく実は神や仏の仮の姿であったことを知り、本来の神仏として祭るようになる。その際、神仏として祭られるようになった由来を書き記した書物が作られることが多かった。そうした書物は、中世以降多く作られたが、一般に縁起《えんぎ》と呼ばれている。

縁起ということばは、仏教の根本を支える重要なことばで、その思想は大きな広がりを持っている。ところが、日本では、寺院や仏像の沿革や由来を記したものを縁起というようになり、やがて神仏と歴史との触れ合いを語るものを指すようになった。縁起は神仏が仮の姿をとってこの世の中に現れ、大きな意味をもつ仕事をやり終えたのち、本来の姿を現して神仏にもどって行ったことを説明したものといってもよい。

したがって、数々の縁起を眺め、その歴史としての性格を考えてみると、歴史を叙述するために、神仏というものが負わされている役割の大きさがわかってくる。縁起は、人々の生活の中にあるさまざまなものの由来を語るものであったから、人々にとって、いわば身近な歴史であった。歴史の中で大きな働きをした人は、この世で人間として生を終えたあと、もとの神や仏に帰って行く。本来の姿にもどった神や仏は、社寺に祭られ、その祭りに際して歴史が語られる。

例えば、或る村に架かっている橋について、その橋をかけた時の歴史が、勧進の聖《ひじり》の活動や、橋を架ける場合に人柱になった人間の物語として語られ、その橋を架ける上で大きな役割を果たした人が、実は神仏の化現《けげん》の人であったと説くような例は、縁起には少なくない。村の歴史の中で重大なできごとが、神仏との関わりで語り伝えられているのである。

神仏と歴史

日本史のはじまりに記紀神話を置き、それによって建国の歴史を説こうとするのは、近代の諸学問をもとにして考えられる日本歴史と、それに基づく歴史教育を歪めるものであることはいうまでもない。しかし、神話と歴史を結びつけようとする論議が跡を絶たないことも事実である。

神話が歴史でないことは誰しも認め、建国記念の日に歴史的な根拠がないことも広く知られている。しかし、それだからといって日本人の歴史に対する考え方を、神々の力や神話と無縁のものにすることは、簡単にできるかというとそうではあるまい。

極めて曖昧であるが、日本人は神仏の力によって、自分たちの生活のある部分が変えられることがあると思い、世の中が動くと信じている。神と仏を分けて考えるとすれば、現世に関わることの多い神が、来世に関係の深い仏よりも、歴史とは関係が深いことになろう。戦争の間ほとんどの日本人は、神社に参拝して神に戦勝を祈願した。つまり、多くの日本人が、神が歴史を動かす力をもっていて、日本を勝利に導くに違いないという考え方を否定はしなかったのである。現在でも歴代首相が伊勢神宮に参拝するのは、伊勢神宮の神が、日本の国を護る神であるという伝統的な信仰を否定しないからであろう。とすれば、神々は歴史を超えた存在であり、その神の力というものを歴史の発端で考えてみることが必要だということにもなるのである。

実際に、日本人のそうした歴史にたいする考え方は、近代になっても伝統的な思想の世界をそれほど脱していない。多くの忠臣が顕彰され、神に祭られたが、それは神にも等しいということよりも、本来神であったものが、人間の姿をとって歴史に登場し、国民としての道を示す役割を果たした後に、神の世界へ帰って行ったという性格をもっていた。それは、まさに神話に覆われた歴史の世界であり、神風を祈り、奇蹟を信じたのは、神の力によって歴史の流れを変えることができると、多くの日本人が信じていたからにほかならない。日本人の中には、厳密な意味で仏教の仏菩薩や、狭義の神道の神と同じではないが、人間の目では見ることのできない神仏が、世の中を動かし、歴史の方向を転ずる力をもっていると信じている人々が少なくないことを思わせる。

したがって、合理的、科学的な立場に立つ日本の歴史のとらえ方が、日本人の伝統的な歴史の考え方と、深く広い問題を掬《すく》い上げて対決し、日本歴史の書き方を変えて行くことは容易なことではない。

日本史の叙述において、神話というものの持つ意味や、人間を超えた神や仏菩薩の力と歴史との関係について、日本人が何をどこまで考えてきたかを、明らかにする必要があると思うが、そうした問題について私たちがもっている研究成果は、極めて少ないと言わざるを得ない。

第二章　国家の記録

一　官撰の歴史

六国史の編纂

世の中に起こるできごとは数限りないが、その中で後々のために伝えて行く必要があると考えられたことは、文字に記録して後世に残されることになる。文化的に一定の水準に達した社会では、そうした記録を作成し保管することが、権力を維持するための重要な手段であった。そして、記録を作成する文筆の能力は、特別な人間しか持っていなかったから、さまざまな記録を整理するのは、特殊な専門家の仕事であった。

国家は、祭祀や儀礼に関する種々の知識、訴訟裁判の記録、租税の賦課や徴収の台帳などのさまざまな文書を蓄積し、その整理に努めるようになる。種々の文書は、その記録を活用する行政組織の部局に見合った形で分類されるなど、さまざまな方法で管理されたが、記録された事項が起こった年月の順序に配列し、検索の便をはかることが広く行われるようになった。つまり国家が、支配のために蓄積してきた情報を、歴史の形に整理するわけである。

最初の国史である『日本書紀』は、中国歴代王朝の歴史に対して日本の朝廷もその淵源《えんげん》は古く遡ることができ、それを叙述した歴史を持っていることを示そうとして編纂されたものと言ってよい。漢が亡びた後の長い分裂の時代を経て中国を統一したのは隋であったが、その強大な隋と国交を開いた聖徳太子の計画によって、日本の歴史の編纂がはじめられた。その事業は一世紀にわたる紆余曲折を経て、多大の困難を克服して『日本書紀』に結実したが、それ以来日本の朝廷は、中国の律令に学んで作り上げた国家制度の運営の一環として、国史の編纂をつづけることになった。

中国では、前王朝の歴史を編纂してその成立発展と衰退滅亡の跡を記述し、天命が移ったことを明らかにして、現王朝の正統性を示すことが、『史記』以来の正史の伝統であった。歴史の編纂は、国家のなすべき重要な事業の一つと考えられていたのである。しかし日本では、『日本書紀』は対外的な緊張のもとで編纂されたものの、その後、国家の根底に関わるような政治的変革があったわけではなく、何世紀もの時が流れたわけでもなかったから、『日本書紀』についで、いわば中国文化を取り入れた朝廷の儀礼として編纂された五つの国史は、それによって国家の理念を闡明《せんめい》するというよりも、国家が蓄積し、管理している記録を整理するという性格の濃いものであった。

国史は、朝廷を中心にした政治史であり、その範囲ではよく整えられた記録である。われわれが、国史が記述した奈良時代から平安時代初期までの時代と同じような密度で、それ以後の国史のない時代の朝廷の歴史を明らかにすることは不可能であろう。しかし、中国の正史に較べてみれば、国史は、国家の理念を明確に表明し、時間的・空間的に大きな見通しを持った歴史であるとは言い難く、あえていえば、そうした総合的な歴史を編纂するための準備の書ともいうべきものであった。

実録的な性格

国史が、実録的な性格を強く持った史書であったとすれば、それは具体的にはどのように表れているであろうか。そこでまず、『日本書紀』をつぐ五つの国史と、その成立の年、書かれている時代を見ると、つぎの通りである。

『続日本紀』……七九七年（延暦一六）成立、六九七年（文武一）から七九一年（延暦一〇）まで。文武・元明・元正・聖武・孝謙・淳仁・称徳・光仁・桓武の九代、九四年。

『日本後紀』……八四〇年（承和七）成立、七九二年（延暦一一）から、八三三年（天長一〇）まで。桓武・平城・嵯峨・淳和の四代、四一年。

『続日本後記』……八六九年（貞観一一）成立、八三三年（天長一〇）から、

八五〇年（嘉祥三）まで。仁明一代、一七年。

『日本文徳天皇実録』……八七九年（元慶三）成立、八五〇年（嘉祥三）から、八五八年（天安二）まで。文徳一代、八年。

『日本三代実録』……九〇一年（延喜一）成立、八五八年（天安二）から、八八七年（仁和三）まで。陽成・光孝・宇多の三代、二九年。


この五つの国史は、後にできたものほど記述内容は充実し、文章も整ったものになっている。しかし、それらは、何世紀にもわたる国家の歴史を充分に対象化し、総括して書いたのではなく、長くても九十四年、短ければ八年、十七年の歴史を、それほど時を置かずに記述しているのであるから、事実の記録として詳細ではあるが、ことがらの意味を問い詰め、明らかにするという記述をすることは難しかった。『続日本紀』は、桓武天皇の命で編纂されたが、天皇自身の治世のことを完成の年の六年前まで書いている。したがって、その内容は実録的な性格が強まり、当事者の立場に束縛されて、大局的に歴史の流れをとらえて記述するというような面が希薄になっていることは否定できない。

十世紀の初頭、菅原道真によって編纂された『類聚国史』は、六国史の全記事を、神祇・帝王・後宮・人・歳時・音楽・賞宴・奉献・政理・刑法・職官……というような項目に従って内容別に分類再編成したものであるが、貴族官人の間で座右必備の便覧として尊重された。停滞しはじめた貴族社会の中で、先例故実を頼りに政務を行った貴族官人たちの間では、国史の全体から政務の処理に必要な知識を容易に検索できる『類聚国史』は、実に便利な書だったのである。

菅原道真は、紀伝道・文章道の代表的な学者で、父の是善は『文徳実録』の編纂に携わり、道真自身は『三代実録』編纂の中心として活動したような人物であったが、『類聚国史』は、国史を、過去に関するさまざまな、断片的知識・情報の集積として見たものであり、六つの国史が記述した国初以来の歴史を通観するというような面には、あまり関心を払わなかった書であったといえよう。そして、それは平安時代の貴族官人たちの歴史に対する考え方の一端を物語るものであるように思われる。

国史の形式

中国では、『史記』から『明史』までに二十四の正史が編纂され、現代でも中華民国では『清史稿』の編纂が行われ、論議が続けられている。正史は、『史記』が本紀・表・書・世家・列伝という構成によって、歴史の世界を縦横に記述して以来、その伝統を受け継いで、帝王の事績を中心とした政治史である本紀を柱に、人物史としての列伝を配し、部門史や表などを加えた形をとることによって、歴史を総合的に記述することにつとめてきた。その形式を一般に紀伝体と呼んでいる。

日本で国史を編纂しようとした時、あるべき形式として考えられたのは、紀伝体であったに違いない。律令時代の貴族の間では『史記』『前漢書』『後漢書』などは必読の書とされていた。しかし、『日本書紀』が編纂された当時の日本では、歴代天皇の事績を叙述することとは別に、史上注目すべき人物や集団の歴史、さらに経済や外交などの部門史を立て、さらに行政の制度や組織などの説明を加えるというように、立体的に歴史をとらえるだけの史料を集めることは困難であり、そもそも当時の日本人に、歴史の世界として中国の正史のような広がりをもった総合的な世界を考えることはできなかった。したがって、『日本書紀』は、神代の物語を冒頭に掲げ、神孫である人皇の君臨する時代の歴史は、朝廷のできごとを編年体で記述するという方法をとることになった。

六国史は、基本的には、編年体で書かれているが、もう少し細かく言えば、日記・日録の形式で書かれており、原則として、記事はそれが起こった日付にかけて記述されている。しかし、それでは単純な日記体かといえばそうではない。国史の全体は、天皇一代ごとにまとめられ、各天皇の時代のはじめに即位前紀として、その天皇の系譜・母后、即位までの経歴などを掲げ、即位の日から日録を記して行くという形になっている。したがって、崩御と葬送、あるいは退位の記事で終わる一代の記述は、紀伝体の本紀を兼ねているわけである。

また、『続日本紀』以下の国史では、主要な人物については、死亡の記事のあとに、その人物の経歴を載せ、編纂者の立場で批評を加えて、その人間の生涯を総括するという形式になっている。一般に薨《こう》伝・卒《そつ》伝などと呼ばれる貴族・官人《かんにん》や僧侶の伝記は、後に成立した国史のものほどよく整っており、編纂者が、中国の正史の列伝に相当するものを、編年体の記述の中に組み入れようと苦心したものといってよいであろう。

したがって、国史は、編年体を基本にしてはいるが、紀伝体の歴史を正統的なものと考えた編纂者によって、日本の正史にふさわしい内容を持つように、種々の工夫がこらされた書であった。

二　国史の書き方

漢文の実録

六国史は、中国の正史を意識して編纂された史書であるから、正統的な漢文で書かれるのが当然であった。とはいっても、『日本書紀』の神代巻などを、正規の漢文で書ききるのは不可能に近く、他の巻でも部分的には日本語の文章が透けて見えるような所も少なくない。しかし、国史は基本的には漢文で書かれているといってよい。

整った漢文を書くことは、容易なことではなかったから、実際に国史の文章を書いた人は、文筆をもって朝廷に仕えた文章の専門家であり、その時代を代表する学者たちであった。彼等は、専門家として文章を競い、中国の古典に関する知識の広さ深さを誇ろうとしたから、国史の中には衒学的《げんがくてき》な文字遣いや飾った文章が目立つ所も多い。

そこで、編年体の形式と整った漢文による記述という二つの条件は、国史にどのような性格を与えることになったのであろうか。編年体を基本にした文章は、事実を伝えることに主眼を置くものであり、日録の形式で書かれた記事は断片的なものになりがちであった。重要な政策や事件の全体を、その由来や原因に遡って記述し、その結果を論ずるのには日録の形は適していないところがある。しかし、日録であるために、記述者たちが心を砕いた文飾は、部分的なものにとどまることが多かった。事件の顚末を述べるような文章の場合には、叙述にあたって、意識的に中国の古典の文章から叙述の構想を借りたり、無意識の中にその影響を受けたりすることが起こりやすいが、そうしたことは比較的少なかったといえよう。

また、外国語の文章である漢文は、日本人にとって書こうとする内容を対象化し、客観的な態度をとらせる性格を持っていたから、朝廷の中に設置された記録の部屋に入って来る情報を、一日一日漢文で記述していくという形式で書かれる歴史は、断片的な情報を確実に記してはいるが、その複雑な繋がりや意味を論述することは回避する傾向を持つことになる。もちろん国史の中にも、世の中の動きを論じた所はあり、思わせぶりな文章を見つけるのに苦労することはないけれども、基本的には国史は実録の書であった。

事実を正確に記述していくことは、歴史の基本であるが、歴史は過去の意味を問うことにはじまるものでもある。ところが、日本ではさまざまな歴史書の中で六国史というものが大きな位置を占めてきたために、漢文で書かれた編年体の歴史が、正統的なものであるという固定観念ができてしまい、和文の歴史は私的なものであり、歴史の意味を考えたり、過去を追体験したりすることは正統的な歴史のすることではないという考え方が重んぜられることになった。編年体という形式の強さのために、その他の書き方をされた歴史が歴史として遇されず、史論も充分な展開をとげなかったように思われる。

記述者の立場

中国の正史の世界では、天子は天の命を受けた人間であるから、当然世界の中心に位置する人であるとされ、国家の頂点に立つ存在であると考えられていた。天子は世界のあらゆることに通ずるように努め、天の意を体して民を治める。したがって、国家の歴史を記述する場合に、まずとりあげるべきことは天子の動静であり、天子の行う政治であった。天子の行動を克明に記して行けば、それによって、世界の動きを集約的に述べたことになるという考えが成り立つのである。

そうした思想を建て前として、天子の近くにはその行動を詳しく記録する史官が配され、起居注《ききょちゅう》というものが作られた。唐の太宗が、ある時自分の行動がどのように書かれているのかを気にして、起居注を見ようとしたところ、史官に拒否されたという逸話は、事実を公正に書くことを史官のつとめとし、その任務は天子と雖《いえど》も侵すことは許されないとする中国の歴史というものに対する考え方をよく表している。

神話を冒頭に掲げて歴史を述べる『日本書紀』と『古事記』を、最古の史書として持つ日本では、歴史というものは、高天原の最貴の神の子孫である歴代天皇の系譜を語るものと考えられた。そこで起居注をもとにした天子の行動の記録を歴史の柱にするという中国の歴史の書き方が、歴代天皇の皇位継承の経緯を語ることが歴史であるという神話の伝統を引く考えに、重ね合わせて理解されることになった。天子の起居と、その結果の中に天の意志が現れているという思想は、連綿とした天皇の系譜の中に、天照大神の神意を見ようとする思想に重ねて受け入れられた。

ところで、起居注の筆者は、どうして太宗の要求を毅然として断ることができたのであろうか。それは、正史の記述者自身が、皇帝を超えた天意を体し、公的な立場で書いているということが、広く認められているからであった。天子は、天命を受けてその地位にある以上、そういう史官の立場を侵してはならない。それに対して天皇によって祭られる皇祖神《こうそしん》は、天皇と一体のものであり、臣下が神意を量ることは容易にできることではなかったから、天皇の動静の記録が天皇に反省を求めたり、国史が天皇の行動を批判したりするという考えは成り立ちにくかった。

中国の正史を精読していた国史の筆者たちの間では、事実を曲げずに書くことを通じて、天の意志を明らかにすることが歴史の根本であるという思想は理解されていたが、実際に書かれたものは、皇祖神の意志をあらわす天皇の系譜と、朝廷の実録であったから、筆者の立場が天皇を超えることはありえず、国史自体が高く強い権威を持つことにはならなかったのである。

国史は、律令制度の運営の一環として編纂され、修史の事業は貴族社会の中心に立った貴族の功業とされた。六国史が後になるほど、頻繁に編纂されているのは、藤原氏の代表者が一代ごとに国史の編纂に関わろうとしたからであり、国史の編纂がそうしたレベルで考えられていたことを示している。

人物の評価

神話的な伝統を受け継ぎながら、中国の高度な歴史思想の影響の下で編纂された六国史の性格は、一様ではなかった。そこで、国史の中で、中国の歴史の書き方の影響を端的に示している例として、人物の伝に付された批評に触れておきたい。

律令制度の下で貴族というのは極めて少なく、平安時代の前半の断面でいえば、貴族の名に値する人は僅か二十人余りであった。少し幅を拡げて考えても、貴族社会というのは極めて狭い社会で、姻戚関係などを辿っていくと、複雑に結び付いた少数者の集団であった。とすれば、中国のように王朝の交替をへて前代の歴史を書く中で、歴史の書き手が天に代わって筆をとるという立場に立つのならばともかく、日本のように、現に貴族社会で活動している人物の父親や祖父、曾祖父や伯叔父などのことを歴史の中に書き込むことは、なかなか厄介なことに違いない。

ところが、国史の中で人物の批評はなかなか厳しい。

性愚鈍にして、書記に便ならず。鼎食の胤（大臣の子）なるを以て、職を内外に歴て名をなす所なし。唯、酒色を好み、更に余慮なし。

……『日本後紀』の藤原縵麻呂の伝。

体貌閑麗にして、放縦拘らず、略、才学なくして、善く倭歌を作る。

……『三代実録』の在原業平の伝。

というような具合である。

貴族の日記を見ると、人物の批評はこまごまと書かれているが、それは私的な日記の中のことである。ところが、最も公的な国家の歴史に、こうしたことを書かれてはたまらない。しかも、国史はそう昔のことを書いているわけではなく、書かれた当人の縁者の多くは健在なのである。

とすれば、一体こうした記述はどういう考えのもとで成り立つものであろうか。国史の文章を書く人は、儒教的な立場で人間のあり方を批判する明確な基準をもっており、それに照らして書いて行くという形をとっているのであろう。それは、いわば天の意志を代弁するような意識で書かれているように思われる。

歴史の中で数々の人物が顕彰され、批判されるのは当然であり、それなくしては歴史の叙述はできないといってよいであろう。例えば、『愚管抄』などを読むと、さまざまな人物が俎上に載せられて罵詈雑言《ばりぞうごん》の類を浴びせられている。しかし、われわれはそれを読む時に、なるほど著者慈円ならばこう書くであろう、こうも言うであろう、という受け取り方をする。それに対して、国史の人物評はもっと一般化されており、批評者の立場がすぐに見えてくるような書き方はされていない。

律令政府の中に設けられた実録の作成所で、そこに集まってくる情報を正確に記述して行くという立場にあった国史の筆者は、公正を期して記事を選択し、私情を交えずに文章にしようとしたわけで、中国の正史を範とした国史の筆者の立場は、卒伝に付された短い文章に最もよく表れているといえよう。しかし、そうした批評が天皇に及ばなかったのはいうまでもない。

三　国史の伝統

国史の解体

六国史は、九〇一年（延喜一）に成立した『日本三代実録』を最後に、その後、国史の編纂は実現しなかった。律令国家の疲弊によって、正史を編纂するという大事業を遂行する力が、国家になくなったからであると説明されている。たしかにそうであるが、それは、見方を換えると、国史というものの記述の対象も解体して、見えなくなっていたことのあらわれであった。中央の朝廷のことを克明に書いて行けば、国の歴史になるという関係がすでに成立しなくなっていた。つまり、国史の編纂者が、朝廷に伝えられてくる情報を克明に記して行けば、それが歴史になるという関係はなくなりつつあり、歴史の世界が変化しつつあったのである。

国史がなくなったということは、国家の衰退を示すものであったから、貴族たちの中には、正史の編纂を継続しなければならないという考えが一貫してあった。『栄花物語』が和文でありながら、編年体の形式に固執していることに現れているように、正史を書き継ごうとしたものであったことは明らかであった。

国史的な歴史の世界が解体した後、貴族社会の歴史を描こうとしたのは、『大鏡』を代表とする物語的な歴史であり、貴族社会とその外の世界を記述しはじめたのは、『今昔物語集』などの説話集であった。それらについては章を改めることにしたい。

国史書き継ぎの努力

公家社会の伝統を守り、秩序を維持しようとした公家たちは、国家の歴史を編纂するという願望を持ち続けた。大江氏を中心に編纂をされていたが、未完に終わった『新国史』はその例である。保元の乱以後の貴族社会で急速に勢力を伸ばし、平治の乱の当事者になって殺された藤原通憲は、『本朝世紀』という正統的な歴史の編纂を計画したが、政治の混乱のために完成するに至らなかった。

公家の権威が衰えたことは確かでも、公家社会は厳然として存在していたのであるから、公家社会を維持して行くために、記録を絶やすことなく、知識情報を整理して行くのを欠かすわけには行かなかった。しかし、かつてのような整った国史を編纂することはできなかったから、国史を必要最小限に省略した形式の歴史が編述された。『日本紀略』は神代から後一条天皇までの編年史であり、『百練抄』は冷泉天皇から後深草天皇の即位までの貴族社会の簡略な歴史である。

何が必要最小限の記事であるかは、その歴史を読む人によって異なるから、『日本紀略』『百練抄』よりもっと大幅に省略した歴史が書かれ、『帝王編年紀』などが作られたが、その省略の度をもっと進めると、最終的には『皇帝年代記』『帝王編年記』などになり、歴代天皇の系図に行き着く。貴族社会の公的な歴史というものは、そういう性格を持つものであった。

慈円が『愚管抄』を著した時、「皇帝年代記」を巻首に据えることによって、歴史としての性格を整えたと考え、虎関師練が『元亨釈書』という日本仏教の通史を書くに際して、歴代天皇の治世における仏教関係の事項を列挙した「資治表」を入れたこと、北畠親房が「皇代記」に書き込みをする形で、『神皇正統記』を書き、さらに武家の歴史を書いた頼山陽が、その書に『日本外史』という題をつけ、後に国の歴史を書いて『日本政紀』という名を付したことなどは、正統的な歴史は、天皇の系譜を辿ることによって書かれるという考え方の根強さを示しているといえよう。

徳川幕府が、武家としての立場を守って、幕府の歴史を編纂したのに対して、江戸時代になって中国の学問思想の摂取が盛んになると、中国の歴史に対する考え方が取り入れられるようになり、儒学の立場で歴史を書こうとする試みがはじまった。日本の歴史編纂事業として最大のものとして知られる水戸藩の『大日本史』は、その代表的な例であった。この書は三九七巻に及ぶ大部なもので、編纂に二百五十年もかかり、一九〇六年（明治三九）に完成したが、完全な紀伝体で記述された唯一の日本史であった。

また、六国史以後の歴史を、編年体で書き継ぐ試みは、江戸時代末の国学者塙保己一《はなわほきいち》によって具体化されたが、保己一が主宰した和学講談所の事業は、明治時代に刊行をはじめ、現在も東京大学史料編纂所で編纂が続けられている『大日本史料』に受け継がれている。

公的な歴史の系譜

鎌倉時代に入って、武家の政権が成立した。鎌倉幕府は成立以来内部の争いを繰り返したが、安定を迎えた執権政治の時代になって、幕府の歴史として

『吾妻鏡』を編纂した。幕府の政治を円滑に行うために、幕府というものの基本的な性格を明らかにすることが求められ、制度の沿革を説明したり、訴訟裁判の記録を整理することが必要になり、武家社会の故実を集成した歴史がまとめられることになったのである。

『吾妻鏡』は、公的な歴史として日録の形式で書かれ、その文章は当時の公文書などと同じような、和様漢文で書かれた。はじめの部分には、頼朝を中心とした武家社会の在り方を伝える説話的なものがかなり含まれており、後世の読者の感懐を誘った。

最初の武家政権の歴史であった『吾妻鏡』は、その後の武家社会の歴史の書き方に大きな影響を与え、室町幕府は、『花営三代記』を編纂した。しかし、『吾妻鏡』をはじめとする武家政権の歴史の多くが、史書としての体裁で一貫性を欠くことになったのは、或る意味で当然のことであった。歴史というものは、近い時代のことを書くことは困難なもので、内部の抗争が絶えない歴史を、当の幕府が書ききるのは不可能に近かったからである。

室町幕府は戦国時代に入ったところで、生命を失ったが、戦乱に明け暮れる大名たちに幕府の歴史を書き、己の正統性を主張することはできなかった。江戸時代に入って、幕府は中国の例も考えて、『吾妻鏡』の後を受け継ぐという意味で、『後鑑』なる歴史を編纂した。

戦乱の中で全国の統一はなかなか達成されず、有力な指導者が現れては消えていった。政治的に分裂した世の中で、国の歴史が書かれるはずもなく、各地で起こる合戦の顚末を述した軍記物が現れたが、それについては章を改めて考えることにしたい。敵対する双方のいずれの立場に立つこともしないで、いわば傍観者的な目で語られる軍記物は、権力者の立場を主張する歴史にはならなかった。したがって、戦国時代の正統な歴史は、大名の伝記としてまとめられることになった。数々の伝記が書かれたが、中でも織田信長の『信長公記』と、豊臣秀吉の『太閤記』は、書かれた人物の位置からいっても、その時代の歴史として重要なものである。

その後長く徳川氏の時代が続いたので、その前の時代の歴史である『太閤記』は、さまざまに脚色される中で、歴史としての性格が薄められて行き、太閤記物と呼ばれる実録体小説がつぎつぎに作られ、歌舞伎などで上演されるものもあって、武士以外の人々の間に広まった。

幕府の歴史は、そうした系譜を受けて、徳川氏の祖松平親氏から家康までの武功を述べた『武徳大成記』が、綱吉の命で編纂された。やがて幕府が安定し、徳川氏の覇権が持続する見通しが立つようになると、幕府は大部な歴史の編纂をはじめた。『徳川実紀』がそれで、まず第一代家康から第十代家治までの歴史が、一八四九年（嘉永二）に完成し、ついで『続徳川実紀』の編纂がはじまったが、幕府の倒壊によって未完に終わった。

しかし、幕府の頂点に立つ征夷大将軍の職が、天皇から任命されるという制度がある以上、幕府の歴史が日本国の歴史であるという考えは確立しなかったから、国史編纂の試みはそれらとは別に、底流として流れ続けていた。

第三章　歴史の物語

一　世継の翁

歴史を語る場

国家がその機構を維持し、秩序を守って行くために、さまざまな手立てを持っていたことはいうまでもないが、その一つに数々の先例を記録することがあった。国家は、先例に基づいて事を処理することによって、その処置の正統性を主張することができたし、政治の一貫性を保つことができた。国史を繙《ひもと》く官人たちの第一の目的は、先例をたずねることにあったといってよい。しかし、歴史というものが、そうした実務の処理のためだけに書かれ、そうした関心ばかりで読まれたわけではなかった。

広い意味での歴史、つまり過去のできごとが延々と語られる場は、日常的な場とは違ったハレの場であった。過去に遡って先祖の系譜にはじまり歴代の活動が語られるのは、神々と人々とがともに集う祭りの中においてであった。人々が集まり、神や先祖の霊を迎えてさまざまな祈願をする際に、神や先祖の力を讃え、その力によって世の中が受け継がれてきた次第が語られた。神話がそうした性格をもつものであったことは、改めていうまでもない。そして、祭りの場は、国家的な祭祀から、豪族の氏の祭り、村落の祭りなどさまざまにあり、語られる歴史の性格も一様ではなかった。

さまざまな場で語られる歴史の内容を文字に記し、整った書物にまとめようとして、それが可能であったのは、古い時代では限られた一部の階層だけであった。古代・中世で具体的に言えば、それは貴族だけにしかできなかったといってよい。また、それは文筆の能力だけの問題ではなく、書かれた歴史が広く世間の関心を引き、後世まで読みつがれるという背景も必要であった。そしてそのためには、語られた歴史の内容が、世の中の動きに関わりを持つと認められることが必要であろう。地方的な小さな祭りの場で語られる歴史は、できごととして面白いものであったとしても、それが世間の歴史として広く認められることは稀であり、興味深い説話として伝えられるに過ぎないであろう。

語り伝えられていた歴史を文章に綴るという営みと、内容と読者などのことから考えて、国史とは違ったかたちの歴史は、まず貴族社会のできごとを物語るものとして出現した。貴族社会の中心に立つ人々の活動を描き出すことで、歴史が書き綴られることになったのである。

和文で書き綴られた歴史として、最初に現れたのは、『栄花物語』であった。この書は、国史の形式を受け継ぎ、その内容を和文で叙述しようとしたものであったが、他方、記事の取り上げ方や文章の書き方には、『源氏物語』の強い影響が見られ、優雅な筆の運びで貴族社会の動きが述べられている。『栄花物語』が開いた新しい歴史の書き方を発展させ、歴史物語と呼ばれる形式を生み出したのが『大鏡』であった。この書の出現で、日本的な歴史叙述の型の一つが確立することになった。

歴史の語り手

日本の史学史を述べた本を読むと、六国史は編年体で書かれ、歴史物語を代表する『大鏡』は紀伝体的な書き方をしていると書かれている。歴史が重んぜられた中国では、歴史の書き方をめぐってさまざまな論議があり、唐の時代の劉知幾が著した『史通』などの歴史叙述論も著されているほどであるから、律令時代の日本の貴族が歴史の書き方についての議論に無関心であったと言えないのはいうまでもない。『大鏡』が、序・本紀（帝王十四代）・列伝（藤原氏、摂関二十人）・藤原氏物語（鎌足以下十三代）・雑々物語、という五部で構成されていることは紀伝体を思わせ、歴史を鏡という文字で表していることは、歴史を世のあり方を映し、為政者をいましめる鑑（鏡）であるとする中国の思想に繋がると説かれるが、鏡物と呼ばれる歴史の書き方が持っている意味は、そう簡単には言い尽くせないものがあるように思われる。

『大鏡』は平安時代末の貴族社会で、なかなかの好評を博したらしく、その叙述の形式をまねて、『水鏡』『今鏡』『増鏡』などが書かれ、その歴史の書き方は後世に多大な影響を及ぼした。そこで『大鏡』の書き方を、簡単にみておくことにしたい。

京都市北区紫野に雲林院《うりんいん》という寺院があった。その辺りは、平安時代初期に天皇の遊猟の地として知られた所で、淳和天皇がそこに離宮を営んだ。その後、仁明天皇の皇子で紀名虎《きのなとら》の女《むすめ》を母とする常康親王が、藤原冬嗣の女を母とする道康親王（文徳天皇）のために、皇位継承の望みを断たれると、出家の身となってそこに住み、親王の没後離宮は雲林院という寺院となった。雲林院は、堂塔が整い仏像の造立も進んで、貴族たちの信仰を集め、周囲にはいくつもの私堂が並んでいた。

万寿二年（一〇二五）五月、この寺の法会《ほうえ》として広く知られた菩提講に、多くの男女が集まっていた。ところが間もなく講がはじまろうという期待と緊張が高まってきたのに、どうしたものか講師の僧が出てこない。人々は一旦高まっていた緊張を解いて寛《くつろ》ぎ、周りの人々と思い思いの雑談をはじめた。そうしてはじまったいくつかの雑談の輪の中に、ひときわ目立つ一隅があり、そこで語られている話は、次第に周りの人々の関心を惹いていった。

一座の中心になっていたのは大宅世継《おおやけのよつぎ》という翁で、自ら語るところによると当年百九十歳になるという。かつて宇多天皇の母后班子《はんし》女王に仕えていたというその翁は、これまた、百数十歳の夏山繁樹《なつやまのしげき》とその妻を相手に、昔の思い出を語っていたのであった。繁樹は、藤原忠平の小舎人童《こどねりわらわ》であったというわけで、貴族社会のできごとの端々を見聞きしており、二人の話は尽きるところもなく続いて行くのである。

大宅世継という名は、世々のことを継々に語るという意味であるといわれているが、背景には、大御代の万歳を祝言する翁という古代の信仰があると考えられ、古代の語り部などに通ずる寿詞《じゅし》の語り手の性格がうかがえるという説もある。つまり、祭りに際して神とその子孫の系譜を語り、誉め讃えることが重要視され、その役目を果たすのが世継の翁なのであった。

歴史の聞き手

世継の翁を能のシテとすれば、繁樹とその妻はワキとワキツレというところで、繁樹は巧みに相槌《あいづち》を打ちながら、翁の思い出を引き出して行く役割を演じている。『大鏡』には、その三人の他にもうひとり、若侍が加えられている。この若侍は、能でいえば間狂言の里人のような役割を果たす人物で、雲林院の菩提講に集まっていた一般の人々の代表、つまり『大鏡』の読者の代表として、時折質問をしたり、昔のことを批評したりするわけである。

いうまでもなく、三人の聞き手を前に水を得て自在に語られる世継の翁の話を、興味津々耳を澄まして聞いていたのは、菩提講に集まっていた人々であった。能の舞台を見つめる観客が、翁の思い出として語られる歴史の聞き手なのである。それは、政務の処理のために先例を探そうとして国史を読む官人たちとは違い、観客として歴史を眺めようとする人々であった。

物語という文学の形式は、『竹取物語』にはじまるといわれる。それは遠い世界のことを伝える伝奇物語として書かれたが、『伊勢物語』などを経て間近な人々の生活を写す文学に発展した。したがって、物語的な手法で書かれた歴史は、読者にとって遠い世界のできごとという感覚と、間近な世の中のできごとという受け取り方が、交錯した所に成立している。歴史の中枢にあって世の中を支え、動かしている人々が活躍する物語は、高貴な雲の上のできごととして観客の立場で眺められる。しかし、一方では読者たちも貴族社会の一員として、登場人物たちと無縁ではなく、間近な世間のこととして見ることができないこともないという面もあったから、読者として歴史の内容をあれこれ批評してみたくもなるであろう。

例えば、世継の翁が藤原道長の時代を賛嘆して、道長は神仏が人間の姿をとって現れた権者《ごんじゃ》であると述べ、道長の時代はよく治まって、強盗など探してもいなかったと語り、それは弥勒《みろく》の世に出会ったようなものだというと、繁樹がたまりかねたように、そうはいっても道長の寺院建立のためには沢山の人夫が徴発され、人々は苦しんでいるのを知らないのかという。若侍もまた自分は別の話を聞いたといって、道長が数々の奸計《かんけい》をめぐらしたことを語る。『大鏡』は、一方的に道長を賛美する世継の翁の物語を柱としながら、巧みに聞き手の批評を書き込んでいる。

しかし、それは公的な立場で歴史を批評するのではなく、聞き手が自分の見聞ではとことわって語り手と異なった意見を述べるという形をとっており、天の意を体して批判を下すという形をとることはない。そして、私的な立場に立つ歴史の見方を明確に述べた書は、『大鏡』以前にはなかったといっても過言ではない。そうした視点が発展して中世に入ると、史論というものが現れると考えられるのである。

二　物語の形式

物語の成立

先に触れたように、物語は伝奇的なものとして人々に好まれ、やがて題材を貴族社会のできごとに求めた物語が書かれるようになった。物語の内容をいかにも実際に起こったことのように作るためには、実在の人物の逸話に潤色を加え、いくつもの話を組み合わせてまとまりのある長編に仕立てることも試みられた。在原業平が『伊勢物語』の主人公になって行く経過は、物語の発展の事情をよく表しているが、さらに歴史上の人物や事件をとりあげながら、起承転結のそなわった一篇の物語をまとめることもおこなわれるようになった。

文学の歴史の中で、物語というものがどのようにして誕生し、成長発展を遂げたかについては、多くの研究があり、さまざまな論議があって、ここでそれを紹介することは容易なことではない。しかし、歴史上の事件や人間模様を記述しながら、それに潤色や虚構を加えて書かれる物語は、歴史に近いものであり、物語的歴史とは紙一重であった。

国家の立場で記載する事項を厳選し、年月日の推移にしたがって整然と配列して行き、政務の処理に必要な知識情報を得るために精読される、そういう歴史ではなく、過去のさまざまなできごとを、人間の運命や心理の織りなす綾のように眺め、ある時には自分も歴史の登場人物と一体となって一喜一憂する、というような歴史に対する関心が強くなった時、そうした関心に応じて歴史を書こうとすれば、物語の形式や文体を借りるのがもっとも適切な方法だったのである。

とすれば、歴史を観客の立場で眺め、舞台の上に現れる人物と一体になったり、舞台の下で批評を加えてみたりすることが、自由自在にできる歴史の書き方というものは、どういうものだったのであろうか。もう一度『大鏡』に帰って、そのことを考えてみたい。

現場にいた人

『大鏡』の歴史叙述の特徴は、語り手と聞き手を登場させ、対話の形で二世紀に近い貴族社会の動きを描いている点にある。またその語り手と聞き手についていえば、世継と繁樹という主要人物がいずれも二百歳に近い架空の人物として設定されていることを見落すわけにはいかない。

物語というものは、語り手が話題を選ぶことからはじまり、話の筋をたて、聞き手の興味を引くために、虚構を加えたり省略を施したりして、話をして行くことで成り立っている。そうした形式を借りて歴史を語ろうとすれば、まず第一に、語り手が歴史の現場にいて、実際に見聞してきたことを話すという形になるであろう。歴史的な事件の渦中にあったり、間近で歴史上の重要な場面を眺めたりしていた人が、自分自身の見聞を語り聞かせるという形が、物語的な歴史の特徴であるということになろう。世継の翁は、そのために百九十歳の長寿を与えられており、聞き手もそれに劣らぬ高齢の人物である。『大鏡』はそうした虚構を立てることによって、叙述された内容に迫真性を持たせることに成功した。

語り手が歴史的な事件の渦中にあれば、迫真性は増すことになる。しかし、歴史の中心にいた人物自身を虚構の中に組み込むことは無理があり、語られる歴史の内容の広がりから言っても、世継と繁樹という下級の貴族を立てることが自然であった。語り手と聞き手をどのような立場の人間として設定するかは、叙述しようとする歴史の内容と密接に繋がっている。

ところで、舞台に上っている人間については以上のような問題があるが、もう一つ、舞台の下で世継の翁が語るのを聞いていた一般の人々は、歴史の現場から時間的にも空間的にも遠く離れている。二百年、天皇十五代にわたる時代のできごとは、おぼろげに聞いたことがあるだけで、詳しいことは知る由もない。昔のことを知らず、見ることのできない人々の中で、世継の翁と繁樹夫婦だけが、歴史の現場を見聞きしており、歴史の現場にあった者が感ずることのできる意表をついた場面の展開の面白さや、手に汗を握るような緊張と重ね合わせて、歴史を語りうる立場に立っている。

つまり歴史の語り手は、一般の聴衆に対して特別の力をもっているわけで、そのことから考えれば『大鏡』の作者も、読者に対して自分だけが昔のことを知っているという特別の立場に立つことになる。それは、天の意を体して公明正大に事実を記録して行くというような歴史の書き手とは違い、過去のできごとを目のあたりに再現し、登場人物の心の襞《ひだ》にまで分け入って理解できるような能力をもった人なのであった。

ところで、そうした能力を持つ人物は、どのような条件の下であり得るのであろうか。そのことを考えるために、『大鏡』が叙述した歴史の範囲について確かめておきたい。

関心の範囲

世継や繁樹が百数十年生きた不思議な人物であったとしても、彼等が時間と空間を越えるにはやはり限界があった。物語の語り手はあくまでも人間であって、神や菩薩ではない。過去と現在の間を自由に行き来し、場合によっては未来も垣間見るような力を持っているわけではないし、思うままに日本の各地に飛んで行ったり、時には唐天竺を見てくるような超能力を備えているわけでもない。とすれば語り手が、見たり聞いたりすることのできる範囲には、おのずから限界があることになる。

それは、物語的な形式による歴史叙述の、決定的な限界であった。つまり、一つの物語的歴史の中で、数人の語り手が見聞きできる範囲は限られており、語り手の見聞を話すという形式に従う限り、貴族社会の日常的なできごとを中心的な話題としてとりあげることから、踏み出すことはできなかった。言い換えれば、語り手がたとえ架空の人物であったとしても、それは、貴族社会の中で生きている数人が見聞することのできる範囲を歴史の世界と考えた人々が書き綴り、読み伝えた歴史書なのであった。

世継や繁樹が見聞することのできなかった世界、話題として選ぼうとしなかった世界で起こったできごとを、『大鏡』のような形式で叙述することはできない。平安時代末の京都に現れる雑草のような庶民、都から遠い地方で活動をはじめた武士の動きを描き出すのは、説話集や軍記物語という新しい形式であった。

しかし、日本の歴史の中で平安時代が、国風文化と呼ばれる古典文化を生み出した時代であり、その時代に現れた『古今和歌集』にはじまる勅撰和歌集、『源氏物語』や『枕草子』を頂点とする和文の古典、それらを彩る美意識、日本的な仏教の大勢を決定した密教と浄土教などが、日本の文化を考える上で極めて重要な位置を占めて来たために、その時代の歴史を描き出した物語的な歴史も、広く読まれて後世の歴史に対する考え方に大きな影を落とし続けた。

説話や軍記物語は、物語的な歴史とは異なる歴史の世界を拓《ひら》いたものであったが、その性格は物語的な歴史と濃い繋がりを持っており、明治時代以来の日本歴史の国定教科書も、鏡物の歴史叙述の伝統を受け継いでいる。

そして、あえていうならば、鏡物的な歴史の影響が持続した結果、歴史の世界というものを貴族社会のような狭い範囲で考えることに余り疑問を抱かず、天皇の系譜を柱に宮廷政治の推移を述べることを中心に歴史を叙述することに固執する、日本人の歴史の書き方、見方が強く残ったと、言えるのではないだろうか。

歴史の書き手が、読み手に対して、皇室のことに立ち入って確かめたことを語るのを特権と考える伝統も、語り手だけが歴史の世界を見聞してきたという鏡物の書き方と、無関係ではないように思われる。

三　歴史の物語の周辺

語り手の性格

すでに見てきたように、物語の手法で歴史を語ろうとする場合、話題として取り上げられる歴史の時間的な幅が、人間の一生の範囲内であれば語り手の設定に問題はないが、多くの場合、取り上げられる話題は何代にも亘《わた》ることになった。したがって、語り手は普通の人間では間に合わず、何代にも亘って生き続けた架空の人物を持ち出さねばならなかった。

語り手は、寿命の長さを別とすれば、人間として歴史を見ていたことになっているが、それは見ようとした歴史の性格に対応するものであった。庶民、零細な人々の生活に興味を持ち、それを歴史の中で語ろうとしたり、広く各地に展開する合戦の顚末を描くことを歴史と考えたとすれば、語り手は、世間の中心の動きとは別に、世俗的なものに飽くことない好奇心を抱く人物であったり、広い地方を飛び歩き、敵味方両方の動きを的確にとらえることのできる人間でなければならない。古代から中世への社会の変動の中で、歴史の世界が広がりはじめ、拡大した歴史を物語的な手法で書こうとすれば、その語り手は、貴族社会の中心から遠ざかり、世間そのものをも対象化できるような性格、例えば遁世者のような立場に近付いて行くことになろう。

それはともかくとして、物語的な歴史の語り手が、あくまでも貴族社会の一員であり、またその歴史が狭い貴族社会のことに終始したといっても、歴史を物語る人物が、登場人物の動きを多面的にとらえ、複雑極まりない人間関係を、簡潔に説明することは容易なことではなく、ただの人間のよく為し得ることではなかった。

歴史の語り手は、久しく世の中を見てきたという自負をもって、取り上げるべき話題を選択して行くが、それがかつて祭りの場で神々を前にして歴史を語った伝統と無関係でないのはいうまでもない。

世継の翁が、神話的な伝統を背負う存在であり、世の中を久しく見て来たということが、限られた命しか与えられていない人間を超えた目を付与するものと考えられれば、物語的な歴史の語り手から、説話や軍記の語り手が出てくるのとは別に、私的な個人の目で歴史の背後にあるものを見ようとする、史論の著者の立場に繋がる方向があったといえよう。

歴史の背後

しかし、それはつぎの時代になって現れる『愚管抄』や『神皇正統記』などの前提を考えてのことで、物語的な歴史の基本は、あるがままに貴族社会のできごとを叙述して行くというところにあった。

書かれている内容が、貴族社会のことに限られ、貴族たちの人間関係とその心情の動きに終始している物語的な歴史は、歴史を動かしている神仏や、理法といったものに強い関心を示していない。国史が、神話を掲げて皇統の貴さを述べ、政治の道徳を説いて、官人の行動を掣肘《せいちゅう》したり、軍記物語が、さまざまな思想を持ち出して歴史の動きを測ったり、史論書的な歴史書が、末法を論じたり、時代区分を掲げたりするのに比して、物語的な歴史はただ、歴史の舞台の中心にいる人々を賛美し、世の移り変わりを嘆きつつ受け入れる性格をもっている。

物語の手法で歴史を叙述したものとしての『大鏡』以下の史書は、史実の選択に作者の主観が強く働き、潤色や誇張が少なくないために、歴史書としてよりも文学の古典として読まれることが多いが、超越的な思想をことごとしく掲げるのを排して、あるがままに自然な人間を描こうとした、平安時代の物語文学に通ずる性格を、同時代の所産として持っていると言えよう。

物語的な歴史には、語り手の主観による作為や潤色が目立つとはいっても、全体が史実から離れることはなく、史書としての性格から外れているわけではない。優雅な文章で綴られていることを特に尊重するのでなければ、それらはやはり文学というよりも歴史と言うべきであろう。

倫理道徳の規範

物語的な歴史は、人間の世の移り変わりをありのままに述べようとする。それは、物語というものの基本的な性格であったが、時の移り行くままに人の世も移ろうことを表そうとしている。見方を換えれば、人間を超えたものの立場から歴史を批判し、矯正しようとはしないのである。そうした意味で、この歴史叙述の形式は、日本人の歴史意識にもっとも馴染みやすいものであったと思われ、物語的な歴史の書き方が分化発展し、洗練されて行くことで、日本人の歴史意識を規制するような役割をはたすことにもなった。

六国史のあとを書き継ぐ正史の編纂を復活させようという議は、史上幾度も起こりながら、ついにそれが実現せず、半ば公的な『本朝編年録』や『大日本史』などが、毀誉褒貶《きよほうへん》はげしく、人々に愛読されるようにはならなかったことは、日本人の歴史に対する考え方が、国史の書き方や、正史というような考え方になじまない一面を持っていたからでもあろう。広く読者を獲得した『日本外史』が、正式な漢文で書かれてはいるものの、内容は、物語的な歴史と軍記物語に近かったことは、それをよく示しているように思われる。

第四章　説話の集成

一　歴史の周縁

歴史と説話

世の中には、今を時めく人々が作る世間の中心があり、そこにはいわば舞台のような部分があって、舞台に上がっている人々が脚光を浴びている。そして、世間の一般の人々は、舞台の上で注目を集めている人々が実際に世の中を動かしているように思っている。そういう舞台の上につぎつぎに現れては消えて行くことがらを書き記したものが歴史になるわけで、歴史というものは本来そういう性格を持っているとまずは考えてよいであろう。

そういう歴史の背後に何かがあると考え、それを詮索するのが史論であるが、そのことについてはまた後で触れるとして、秩序が乱れて社会が停滞し、明確な見通しが失われはじめると、舞台に上がっている人々が必ずしも舞台を眺めている人々の代表ではなくなり、舞台の上で起こることが世の中の動きと密接な繋がりを持っているという関係も希薄になってしまう。そうすると、人々は、舞台の上で演じられていることに対して、大きな関心や興味を持たなくなる。つまり、歴史というものへの関心が希薄になるのである。

そこで、世の中の人々の興味は、舞台の外で起こることに移り、その対象は舞台のすぐ下から、だんだん遠く離れたところへと広がって行き、また、舞台の裏へと進んで行く。言い換えれば、世間の中心として誰もが認める檜舞台がなくなり、人々は茫漠とした世間の中に興味あるものを求めることになる。あちこちに群生した小さな舞台が人々の興味を惹くようになるかも知れないが、その中のどれか一つが世の中全体の動きを集約的に映し出しているとは認められていない。そうなると、人々の関心は、歴史というものから離れて行くのである。

世の中で起こった数限りないできごとの中で、後世に伝えなければならない重要なことだと考えられたことは、歴史の中に書き込まれることになる。言い換えれば、歴史に書かれたことがらは、歴史の記述の対象としての価値を与えられたことがらなのである。しかし、人々が後世に伝えたいと考えたことでも、そのすべてが歴史の中に書かれるわけではないのはいうまでもない。歴史というものは、公的なものと考えられていたから、歴史の記事になる事項は、天下国家を考える立場に立って選択され、私的なことは歴史になじまなかった。したがって、世間の中心をなす舞台の上のできごとを伝えることとは別に、私的な物語や古くから伝えられた日常的な生活の智恵とでもいったようなことは、歴史の形をとらずに人々の間に伝えられていた。

人々の間に語り伝えられていた歴史の外の話は、私的・日常的なことの他に、異国・異界など歴史の外の世界における驚くべき話、人々にとっては興味尽きない事件であっても公序良俗に反するものとして書かれなかったこと、歴史に書かれたことがらをめぐる逸話や裏話で歴史の記事になる時に切り捨てられたことなどであった。

人々の間で語り伝えられたことがらは、人間や社会というものの多様さに応じて多方面に渡っていた。そして、人々が生活して行く上で必要な知識は、労働や祭式に参加することを通じて伝えられ、口碑《こうひ》伝承の形で伝えられるものであったから、それらを文字に書いて伝える必要はないのが一般であった。

舞台の上と外

毎年、年の終わりが近付くと、今年の十大ニュースは何々というような記事が新聞に出る。最近は、多くの新聞が世界の十大ニュースと日本国内の十大ニュースとに分けて記事を作るのが一般になった。十大ニュースというくらいの数ならば、挙げられるのはみな大事件ということになるが、項目を五十や百にしてその一年の特徴を表そうとすると、流行したことばや歌、風俗なども挙げておきたくなる。

風俗の変化やさまざまな流行を見つめ、社会心理の動きをとらえることは、人間生活の記録としては重要なことであり、編年体の公的な歴史でも、「是歳、越国の鼠、昼夜相連りて、東に向ひて移り去く。」『日本書紀』大化二年）というような日付のない記事をはじめ、人々の心をとらえた社会的な現象を記した文を見出すことができる。

明確な日付を持たないことがらを、歴史の中にどの程度取り上げるかということは、歴史に対する関心によってさまざまであろうが、正史である国史が編年体で書かれるという伝統を持つ日本では、風俗などの流行り廃りを書くことは、歴史以外の書の領分だと考えられがちであった。そして、そういう分野の記述を担う代表的な書に説話集があった。

十大ニュースのことでもう一つ触れておきたいのは、ニュースというものの性格についてである。テレビをはじめマスコミの発達した現代の日本では、流行は全国的なものと思われやすい。しかし、この年地震多し、この夏雨寡《すく》なくす、というようなことと、この年に婦人の間で二百三高地という髪型が好まれたとか、白拍子の歌う今様が流行した、というようなこととは同じではない。つまり、風俗とか流行とかいうことは、世間の舞台の上のできごとと関係があり、流行の中心になる都のような所から遠く離れた土地で生活を送る人々にとっては、そうしたことはほとんど意味を持たないことなのである。

歴史というものは、ある意味では都会のものであり、ニュースとは無縁に年中行事だけで生活が成り立っている古い時代の農村、つまり円環的な時間が大きな意味を持っているような世界では、歴史というものは極めて抽象的なものでしかなく、歴史に対する関心は薄かった。そして、かつてはそういう人々が極めて多かったのである。

したがって、時とともに移り変わるものを、克明に記述して行くことで成り立つ歴史を重んずる世間の外に、私的・日常的な知識を伝えて行くことが重要視され、年中行事の円環的な時間の下で生活している人々がいたことはいうまでもない。歴史の外の世間では、必要な知識は文字に書くことなしに伝えられていたのであるが、社会の秩序が大きく変わりはじめ、労働や祭式の形式にも変化が現れ、必要な知識がおのずから伝えられることが困難になった時、さまざまな知識を文字で記録して伝えようとする営みが盛んになった。

舞台の裏と下の話

歴史の舞台の外に現れた変化と同じようなことは、質的には異なるが貴族社会の中でも起こっていた。平安時代も半ばになると、貴族社会の内部で、舞台に上る人々と上ることができない人々とが、家柄によって分かれてしまい、舞台の下にいる貴族たちは、もっぱら舞台の外や裏に関心を持つようになった。

過去のできごとの中には、世間では誰もが知っていることでありながら、表向きの歴史の中では、どこにも記されていないというようなことが沢山ある。例えば、天皇や将軍など、当の人物について自由に語ることがタブーとされているような場合には、どこにも書かれていないのに、多くの人が知っているような逸話は少なくない。人々はそうした話を、熱心に伝えていく。そして、或る時社会の変動によってそのタブーが緩むようなことがあると、密かに、しかし確実に語り伝えられていたことが、文字に書かれて伝えられるようになる。

歴史というものは、舞台の上のできごとを記述したものであるから、蔭から舞台を操っていた人物のことは書かないことが少なくない。実は歴史の中心にいたに違いないと考えられる人物で、他の人々に比して詳しいことが判らない人物は少なくないが、そうした人物についての逸話が語り伝えられていたのを、舞台の下にいた貴族たちが文字に書くようになる。つまり歴史よりも、歴史の裏話の叙述が盛んになるわけで、世間の檜舞台には目を向けず、舞台の裏のからくりや、登場人物の楽屋における振舞を伝える話を集め、書き綴ることに熱心な人々が現れるのである。

史上重要な働きをした人物が、私生活の面で常軌を逸した人物であったとか、栄華を極めた権力者が、実際は権謀術数に明け暮れる陰惨な面を持っていたといった話題が好まれ、つぎつぎに書かれて行ったが、他方では、そうした裏話とは違って、舞台に上れなかった人々の活動を記録することも盛んになった。

歴史に主要人物として登場する余地を与えられないが、説話集の中では大活躍する氏や家がある。例えば、大江や清原といった家系の人々は、貴族社会のしきたりに反して失敗をして語り草になったり、滑稽な役割を演じたりして笑われたりする話の主人公になることが多い。実はそういう話の主人公たちと、説話の語り手、書き手とは近い存在であったと考えられる。そして、およそ歴史には書かれそうもないそうした話が、平安時代の社会をいきいきと描き出し、貴族たちの生活をまざまざと伝えているのである。

世の中の重要なできごとを、時間の推移に従って叙述して行くのが歴史だとすれば、重要かどうかの判断が難しく、また到底重要とは思われないようなことがらを伝える断片を寄せ集めることは、歴史を書くこととは全く別の営みとしか言えないであろう。説話を集めて、書き綴った人々は、自分自身のしていることをそう考えたに違いない。しかし、時代を隔ててみれば、それらは歴史の周縁部分をいきいきと描いたものとして、人々の興味を集め、歴史の世界を補う役割を果たすことになった。

二　断片の集積

説話への関心

後世に伝えるべきことがらを、時間の流れに従って配列し、主要な記事の間に因果関係の説明がつくように配慮しつつ、記述する。歴史がそういうものであることは繰り返し述べてきたが、歴史の外や裏の話というものは、解釈や位置づけが本来困難なものであった。歴史の記事は、それが記事として厳選された時、すでに解釈や位置づけが終わっているという性格をもっている。それに対して、説話というものは、もともと一方的な解釈や、位置づけを拒否する性格をもっていた。

例えば、『今昔物語集』などには、山賊・海賊の話が幾つもあるが、それらの説話は、残忍な強盗の恐ろしさを語っているようにも読めるが、盗賊たちの迅速な行動や臨機応変の判断力に感嘆した話のようにも読める。盗賊が蔓延《はびこ》る世の乱れを嘆く話のようでもあるが、政府の治安対策の裏をかく者たちに、拍手喝采しているようでもある。また、悪を犯す人間が必ず報いを受けることを主張しているかと思えば、悪が勝って善が亡びることしか書いていない話も少なくない。

説話というものは、できごとの委細を尽して、書き手の思いのすべてを伝えるようには書かれていない。ほとんどの説話は、一座一場の語りとして適当な短さにまとめられており、意味や解釈の記述は省略されている。話の骨格だけが記される説話は、語り手、読み手の立場や興味に従ってどうにでも解釈でき、意味づけできるものであった。それをあえて政治的な主張や道徳的な教訓の話にしてしまうと、もう説話ではなくなってしまい、歴史を補足する話や説教の例話に過ぎなくなる。説話が歴史の外の話であり、裏の話であるというのはそういう意味であった。

ところで、貴族社会の周縁部にいた人々とは別に、説話に強い関心を抱いていた人々に僧侶があった。仏教の経典には、譬え話をつぎつぎに記して、仏の心を示そうとしたものが少なくなく、インド・中国の高僧たちの事績を述べて、仏教伝来の経過を説明したり、宗派の開祖や中興の祖などの逸話を語ることによって、宗門の特色を教えることも盛んであった。いわば説話的な記述を読むことで仏教を学ぶことが一般だったのである。

そして、平安時代に入って寺院の外の世俗の人々が仏教に強い関心を抱きはじめ、僧侶に仏教の教えを説き明かすことを求めるようになると、それに応える布教僧、説教僧が現れることになった。貴族社会に出入りしてさまざまな法会や祈禱を行った僧侶は、貴族たちの求めに応じて仏の教えを解説したが、その時に用いられたのは、仏典の中にある譬え話や、高僧をはじめとする仏教信者の逸話などであった。したがって、世俗の人々の間に仏教を広めようとした僧たちの中では、興味深い話を抜き書きしたり、さまざまな人から信仰の体験を聞いたりして、説話集をまとめることが行われた。

その場合、僧侶の間でも、断片的な話に強い関心をもち、営々として説話を集め、説話集を編纂したのは、大寺院の中枢にいた僧侶ではなく、寺院の周縁から俗世間へと活動の場を拡げていった僧であったことは、貴族社会の中で説話集を編纂した人々と、相通ずるものがあるように思われる。

説話の蒐集

説話を沢山集めて、説話集を編纂するという営みは、平安時代の半ばから鎌倉時代の半ばにかけて盛んになった。現在残っている説話集の数はかなりのもので、古代・中世の古典の中で、和歌集の数には較ぶべくもないが、物語文学や日記文学に比して見ても、説話集という部類は、それらに匹敵する大きな部類をなしている。

『今昔物語集』や『古今著聞集』のような大部の説話集でなくても、広く興味深い説話を集め、文章を整え、適当な長さに揃えて集成して行く作業は、大変な努力を要するものであった。それにもかかわらず、説話集の編者たちは、自分の思いの儘《まま》を直接に書き綴ることをせず、なぜ説話を集めることに力を傾けたのであろうか。

『宇治拾遺物語』の序によると、大納言源隆国という人は、晩年京都を離れて宇治に引退したが、宇治の閑居で道行く人を呼び寄せては面白い話を聞き出し、それを書きとめるうちに積もり積もってこの書になったという。それが事実なのか『宇治拾遺物語』の成り立ちを説明するための架空の話なのかは定かでないが、さまざまな人に会って、興味深い話を聞き出したり、内外の典籍を博捜《はくそう》して、心を惹かれる話を写し取るうちに、大部の説話集ができ上がるということは、実際にあったことであろう。

問題は、なぜ大納言というような高い身分の貴族が道行く人々を引き止めて何か興味を惹く話を聞こうとしたのかという点にある。貴族社会の中心にあった人物が引退して、舞台を下り、都の周辺に移り住む。すると、かつて自分もその一員であった貴族社会の中枢部が対象化されて別なものに見えはじめ、裏にあったものも理解できるようになる。貴族社会の中心にいた時には、為政者の立場で世間のことを知ろうとしたが、そうした関心とは質的に違う方向で、広く世間のことへの興味が生まれてくる。『宇治拾遺物語』の序は、われわれにそういう説話への関心の展開を想像させるのである。

一定の解釈や意味づけを拒否する説話を沢山集めるということは、それだけで反歴史ともいうべき志向を表すものであったと言えば、言い過ぎであろうか。数々の説話を集めて集成を試みる時、編者は種々の苦心を重ねた。年中行事にかけて説話を配列することや、仏教の教理の体系に仮託して整理することなど、さまざまな工夫がなされている。しかし、説話というものの性格から考えて、集めた説話を整然と分類すると、それは一つ一つの説話の解釈や意味づけを編者が決めてしまうことに繋がり、説話の生命を奪うことになりかねない。

文学史の中で説話集の部分を見ると、最盛期の説話集は余り整った編成をしておらず、雑然と説話を並べているようなところがあり、整然とした分類のもとに説話が配列されるようになると、説話集は衰退期に入ってしまうように思われる。そして、説話の分類の試みが、歴史の流れを軸にして行われることは稀で、社会・文化の形態や地理的な区分によっていることが多いのも、説話の性格を物語っていると考えられる。

説話集の読まれ方

説話集は平安時代の中頃から盛んに作られるようになり、鎌倉時代の半ばまでの間に作られた書は数十にのぼる。もっとも、説話集の形をとる歌論集や往生者の伝を集めたものなど、説話集的なものをどう考えるかは簡単ではないが、同じ書名のものでも、異本によっては内容が大きく異なる場合の少なくない説話集の数を数えることは、極めて難しい問題であろう。

現在それらは、日本文学史の中で説話文学という大きなジャンルとして考えられている。ところが、説話集はそれが書き綴られたはじめは、歴史の外の世界を探訪してさまざまな話を集めたものであったのに、時代を経るにつれて歴史の周辺を描いたものとして読まれるようになり、歴史を補う役割を与えられることになった。

江戸時代に入って学問が発達し、日本の歴史や古典の研究が盛んになる中で、説話集は文学としてではなく、歴史書と考えられた。文学という観念もはっきりしていたわけではないが、和歌・物語・日記・随筆というようなジャンルを中心にして考えられていた当時の国文学の研究の中で、説話をその対象にしようという考えはなかった。

説話集は、史書の雑の部に入るものとして読まれ、研究された。新井白石の『読史余論』などを見ると、数々の説話集が史書として遇されていることに気づく。説話集の記事は、宮廷や幕府の動静を柱とし、法律制度の変遷を中心にした歴史の間を埋めるものとして取り上げられており、歴史の裏話、歴史の主要人物の逸話、さまざまな事件の余話、後日談など、興味深い話題を提供して歴史を多彩なものにする役割を果たした。

明治時代のはじめにはまだ、説話集は歴史書の一種として読まれていた。歴史研究の基礎的な典籍を集めた『国史大系』『史籍集覧』をはじめとする叢書には、代表的な説話集が収められている。ところが、近代の歴史研究が法律や制度を中心に進められるようになり、古文書を史料として重んずるようになると、歴史の舞台の外や裏のことを語る説話集は、歴史書として顧みられることは稀になってしまった。

史書として読まれていた間、説話集は文学の古典とは考えられていなかった。文章は洗練されておらず、内容は低俗卑猥で文学の古典として読むに値しないと説かれていたのである。ところが、歴史研究の対象から外されて行くのと並行して、和歌や物語を中心とする伝統的な文学観から脱して、説話集の中に文学的な精神の発露を見ようとする人々が現れ、現在では、説話集は歴史としてよりも文学として読まれるようになった。

説話集の読まれ方を辿って見ると、歴史の外や裏のことを記した説話を集め編纂した説話集の性格がよく現れているように思う。世の中の中心にしっかりとした単一の舞台があり、そこで起ることを叙述したのが歴史であると考える人が多い時代には、説話は歴史の周縁に押し出され、中心の舞台が見えなくなった時代には、歴史に引きつけられる。そしてそういう時代には、新しく説話を集め編纂する試みが盛んになる。近代の時代小説の書かれ方、読まれ方には、そういう問題を考えさせるものがある。

三　象徴と典型

歴史の名場面

歴史の特性を論ずるためには、個々のできごとを超えて歴史を大観することが必要である。しかし、歴史は一回限りのできごとの連続であるから、個別具体的なことの中にのみ、歴史の特質が顕れているという考えも成り立つであろう。例えば、藤原道長が、「この世をばわが世とぞ思ふ望月の欠けたることのなしと思へば」という歌を詠んだという話は、それ自体が歴史上の大事件というわけではないが、王朝貴族の栄華を極めた道長という人物の姿をよく伝える挿話として広く知られている。

編年体の歴史として書けば、それは、寛仁二年（一〇一八）十月十六日、前太政大臣藤原道長の三女威子が後一条天皇の皇后に立ったという記事になるであろう。あるいはそれに加えて、道長が盛大な祝宴を開いたということまでは書かれるかも知れない。その宴のたけなわの時、道長は大納言藤原実資を呼び寄せ、少し得意になり過ぎているかも知れないと言いながら「この世を……」という歌を披露した。そのことを実資は日記『小右記』に書きつけたのである。

この話は、当時の貴族たちの間でも評判になったらしく、『袋草子』『続古事談』などにも収められている。しかし、広く知られた話であったとしても、この話は公的な歴史に書かれるようなできごとではなかった。それにもかかわらず、現在、平安時代についてこの話を知らない人はいないような、歴史の一場面なのである。

歴史の事実として詮索すれば、確実な根拠に乏しく、また事実そういうことがあったとしても、ことの前後の文脈から言えば、別の意味を持っていたといわざるをえないことが、歴史の一場面として特別の意味を持たせられ、歴史の中で一人歩きをしている例は枚挙にいとまがない。歴史の詮索を好む人々の中には、そうした歴史の名場面を論じ、それらが史実に反することを明らかにすることに大きな意味を見出そうとする人が多いが、歴史には本来そういう架空の名場面の上に成り立っているという性格があり、説話というものはそういう役割を担っているように思われる。

天皇の系譜を読み上げ皇室中心に歴史を語るという立場以外に、宗教的、哲学的に明確な立場に立ち、それを厳格に守って歴史を叙述しようという試みは、日本では大きな流れにならなかった。そうした中で、断片的な説話を積み上げて或る時代の世相を描き出し、それで歴史を書いたことにする。そういう考え方が強固な伝統になっていると言えるのではないだろうか。

典型的な人物

在原業平や小野小町が、史実の上でどのような人物であったかはわからないことが多い。しかし、業平と小町は平安時代の文化を象徴する人物として語り伝えられた。この二人に関する架空の世界を記述することは、平安時代の精神を語ることでもある。西行の生涯は、中世の人々の間でさまざまに語り継がれた。西行の実伝とは別に、中世の人々の心の中に住んでいた西行の姿があることを無視して、中世の文学や思想は語れない。とすれば、史実、実伝といったこととは別に、ある時代の人々が特定の人物に託して考えてきたことを読み取るのは、その時代をよく理解することに繋がるであろう。説話というものは、歴史のそういう部分を叙述したものであったと言えよう。

足利尊氏がいつも髪をばらばらにし、刀をふりかざして馬に乗っていたわけではないし、織田信長が、年中赤い陣羽織を着ていたわけではない。しかし、歴史上重要な役割を果たした人物の姿を、われわれはその人物が歴史上果たしたと考えている役割に最も相応しい姿で思い浮かべる。平安時代の貴族社会といえばまず、『源氏物語絵巻』に描かれているような場面を思い浮かべるし、鎌倉武士といえば、富士の裾野の巻狩の情景を連想したりする。実際に、絵巻物に描かれているような生活ばかりが貴族の生活であったはずではないし、武士が始終巻狩をやっていたわけではない。しかし、われわれの歴史のイメージは、そういうものの連続で構成されているのである。

歴史の表現

われわれが持っている歴史のイメージは、よく考えてみれば、或る時代、或る集団、或る人物の特質をよく表現しているように思っている歴史の名場面のいくつかで構成されていることが少なくない。そしてその名場面は、一枚の歴史画であったり、一段の説話であったりするわけである。

そうした場面が表現しているものが、なぜ歴史の決定的瞬間として承認されているのかについては、複雑な説明を必要としようが、簡単に言えばそれがいわば国民常識とでもいうようなものによって長い間歴史の名場面として共有されてきたからに他ならない。中世では絵巻物に描かれ、近世には数々の錦絵の画題となり、各地の神社に奉納された絵馬の図柄としてとりあげられたような歴史の各場面は、それ自体が文字や劇や美術を生み出す母胎になっており、史実ではないとして抹消するだけでは問題は解決しないであろう。

歴史の名場面を取り上げてそれを解説することによって歴史を叙述するという方法について、私たちは、日露戦争の顚末を語るために、日本海海戦の旗艦三笠艦上の東郷元帥や、旅順開城のためにロシアの将軍ステッセルと会う乃木大将を、一つの歴史画として描き出し、その絵解きを聞いた経験をもっている。歴史の知識は、実はそうしたものによって支えられている部分が大きいと言ってよい。

語り伝えられてきたことを、絵に書き、絵を解説して行くことによって伝えるという方法を完成させたのは、平安時代にはじまる絵巻物であった。物語的な歴史の書き方も、歴史の名場面を選び、その現場を見聞きした人が解説して行くという形になっているが、絵巻物は説話と密接な繋がりをもって成立したものであった。

第五章　合戦の物語

一　合戦と歴史

内乱と歴史

歴史に書かれる事項の中で、最も大きな事件は、武力による政治的紛争の解決、つまり戦争であろう。外敵との激突が十三世紀のモンゴルの襲来以外にはなかった日本の前近代の歴史では、戦争はすべて内乱ではあったが、合戦は、政治というものが最も明確な形で姿を顕す場であった。そして、さまざまに綾なす伏線があり、劇的な緊張に満ちた駈け引きが続き、明確な終結を迎える合戦というものは、まさに後々の世に語り伝えるにふさわしい話題に満ちており、

歴史の中から最も興味深いできごとを抜き出して一編の叙述を試みようとする

人々にとって、好個《こうこ》この上ない対象であった。

古代の歴史、中でも国家が形成されてから平安時代の初めまでの時代には、内乱はしばしば起こった。内乱は、天皇を中心とする権力を再生させ、新しい生命力を付与するために、古代の歴史の中では必要なものであったとも言えよう。ところが、平安時代の初期を過ぎる頃から、貴族社会では、仏教というものが政治的な対立の解決に利用されるようになり、王権を再生させるための内乱は見られなくなった。

奈良時代ならば、政治的な葛藤の中で、内乱の当事者に押し上げられざるを得なかったような人物が、平安時代に入ってしばらくすると、出家して寺院に入ることによって、政治的な野心を棄ててしまったことを標榜したり、政争に敗れて怨みを抱いて死んだ人の怨霊を調伏《ちょうぶく》するために、大がかりな仏教の儀礼が行われたりするようになったために、政治的な対立が積み重なり極点を超えて内乱に至る、というようなことが回避される時代になったのである。

戦乱がなくなった貴族社会の中心にいた人々の間では、藤原広嗣や藤原仲麻呂などが起こした荒々しい内乱の記憶は薄れて行ったが、平安時代も半ばになると、都から離れた地方では小さな武闘が頻発し、それが拡大して戦乱になることが珍しくない状態になった。地方の政治的な抗争の決着を武力によってつける役割を果たしたのは、いうまでもなく武士であった。武士と呼ばれる人々がいかにして発生し、それがいかなる性格のものであったかは、なお明らかでないことが多いが、貴族たちは、武士を、都から遠い僻遠の地で暮らす、猛々しい人間であると考えた。

とりわけ武士が活発な活動を繰り広げたのは、東国であった。平安時代の半ばになると、都では所を得ることができない貴族の中から、地方に下って武士の棟梁となり、多くの武士を従者にして武士団を組織する者が現れるようになった。また、律令の軍制が空洞化して治安が乱れはじめた京都では、市中の警備に武士が用いられるようになった。数々の武士が都に上ってその任につくことになると、貴族と武士の間にさまざまな繋がりができ、やがて地方で起こった武力抗争が公的な秩序を乱すようになると、貴族はその平定に武士を用いることになり、武士が歴史の舞台に登場することになる。

合戦の記録

内乱が平定されると、朝廷は、功績をあげた武士に対する論功行賞のために、戦闘の経過の記録を必要とすることになった。武士からは、合戦の経過と自分たちの手柄を記した合戦状が出されたであろうし、貴族たちはさまざまな手立てを用いて情報を集め、合戦の顚末を一件の記録にまとめた。

荒々しい事件とは関わりの少ない貴族たちは、合戦というものに対して恐れと驚きを禁じ得なかったが、各地に散在する所領や警護に当たっていた武士団などとの関係で、合戦の成り行きに強い関心を抱いた。一体何が原因で事件が起こり合戦にまでなったのか、戦いの敵味方はどのようにして大きな勢力になったのか。戦いにはどのような場面があり、全体の勝敗を決した戦いはどのように展開したのか。勝者、敗者はそれぞれ、戦いの後にどのような運命を辿ることになったか。貴族たちはそうしたことに、強い関心を持ったのである。

もとは取るに足りない小さな争いに過ぎなかった事件が、次第に周りの人々を巻き込んで大きな対立を生み出し、一人一人の力ではどうすることもできない戦乱に発展して行く経過を説明し、戦いが起こってからは、勝敗の雌雄を決した場面を再現して、戦いの流れをとらえ、勝者の側にも敗者の中にも見られる極限に置かれた人間が見せる感動的な姿を描き出した書が求められるようになった。そして、そうした関心に応えて書かれた合戦の物語は、武士から官衙《かんが》に提出された報告や、官人によってまとめられた事件の記録とは別の性格を持っていた。

内乱が起こってそれが平定されると、事件をめぐってさまざまなことが語り伝えられ、記述されることになる。伝えられることがらは、語ったり書いたりする人々の立場によって違うわけであるが、記述されたものとしてまず考えられるのは、亡ぼされた方には正当な理がなく、鎮圧した方が正しかったことを明らかにするために、語られ、書かれたものであろう。

国史の編纂が続けられていれば、そういう立場で見た内乱の顚末は、日を追って朝廷に伝えられた情報として、国史の中に記録されるはずのものであった。しかし、朝廷の日常的な運営と年中行事で政治が動いていると思われていた平安時代の中期には、内乱の経過を首尾の整った記述として書き込めるような歴史はなくなっていたから、内乱の顚末は、一段の説話や一編の物語としてまとめる以外に記述の形式は考えられなかった。合戦という最も歴史的な事件は、歴史の外のこととして書かれることになったのである。

日録の形をとる国史の中で、合戦のことを書こうとすれば、筆者はまずは、もたらされる情報を記述する文章の繁簡を判断すればよいわけで、それ以外に、国史の記述の枠組みの中で事件全体の流れを描き出したり、事件の意味を論じたりすることは、容易ではなかった。

軍記の成立

ところで、合戦の顚末を、一段の説話や一編の物語として叙述しようとすれば、その書き手は、合戦の全体を見通すことのできる立場に立っていなければならなかった。また、書き手は、戦いの経過を具体的に知っていなければならないが、当事者に近すぎても全体は見えなくなってしまうであろう。

九三五年（承平五）、下総国に本拠を置く平将門が、一族内の争いから伯父の国香を殺したことにはじまる内乱は、関八州を併せた将門が新皇を称する事件に発展し、都の貴族たちを震駭《しんがい》させて平安時代史を画するできごとになった。乱後間もなく著された『将門記』は、四六文を基本とした変体漢文で戦乱の顚末を記述したものであるが、東国の事情に詳しい人でなければ書けない内容を持っており、東国の武士団の動きをよくとらえた記録として、つぎの時代に盛んになる軍記の先駆となった。

将門の乱が起こってから一世紀を経て、陸奥国で戦乱が起こった。長期にわたった戦乱は、前九年・後三年の役と呼ばれているが、前九年の役で安倍氏が源頼義・義家に亡ぼされて間もない頃、その顚末を書いた『陸奥話記』が著された。かなり和風に変化した漢文で書かれた『陸奥話記』は、『将門記』に比して内乱平定の戦功の記録という性格が薄く、数々の説話を集めて武士たちの生活を描き出し、記述の対象の幅を拡げて後の軍記に近づいており、絵巻物にも仕立てられて流布した。

合戦の記録は、戦闘という一点へ向けて凝縮される人間関係と極限状況におかれた人間の行動を描き出そうとした点で、新しい叙述の形式を開いたものであったから、一篇の物語として人々に読まれ、特に興味深い部分は説話の形に整理されて広く語り伝えられた。軍記の先駆となった上記の二書や、『今昔物語集』の巻二十五に集められた合戦譚は、その例であろう。

合戦の物語や説話が書かれるようになった頃、国史はすでに編纂されなくなっていた。そこで、朝廷に集まってくる情報をただ記録するだけではなく、地方の風土や生活を背景に、戦いを起こした人々の心の動きにも関心を示して、合戦の顚末を記述することは、広い視野に立って国史とは違った書き方を模索することであった。そして、人々は合戦の顚末を述べた物語を、最も興味深い一篇の歴史として読んだのである。

平安時代の終わりから鎌倉時代の初めにかけて、貴族社会の衰退が甚だしくなると、各地に内乱が起こり、その帰趨《きすう》が直接貴族社会の命運に関わるようになった。乱の推移に深い関心を持った貴族たちは、相ついで起こった、保元の乱、平治の乱、治承・寿永の乱、承久の乱の顚末を描いた『保元物語』『平治物語』『治承物語』『承久物語』を生み出した。

中でも、戦乱の広がりから見て、大きな意味を持ったのは、治承・寿永の内乱であったが、その顚末を描いた『治承物語』が成長発展して『平家物語』になったことは、ここで詳しく述べるまでもないであろう。

二　歴史と語り

情報の伝達

古代の社会で歴史の記述の対象になるような合戦は、政治の中枢に関わる人々の間の争いであり、武器の点から考えても合戦が多数の庶民を巻き込むことは少なかったから、合戦というものは歴史の舞台の上のできごとであったといえよう。局所的な紛争でしかも短期間に決着がつく合戦が多かった間は、合戦記は公家社会の中枢に関わる人々の関心の的であるにとどまっていたが、戦乱が長期に亘り、各地に広がって数多くの人々を巻き込むようになれば、歴史の舞台と関わりの薄い人々にとっても、関心を引くものになるのは当然であった。

平安京に都が移って以来、はじめて都を合戦の場とした保元の乱は、都の人々の関心を集め、ついで権勢を誇った貴族政治家が没落した平治の乱も、人々の耳目《じもく》を奪った。しかし、そうした内乱も、地域的な広がり、戦乱の続いた期間の長さなどで、治承・寿永の乱には及ばなかった。源平の内乱ともいわれるこの内乱は、東北の平泉から九州の宇佐や太宰府に及ぶ広況な地域にわたり、平清盛の専横という前史にはじまって、頼朝の旗挙げから、壇の浦での平家の滅亡まで、五年に及んだ。合戦に関わりをもった人々の多さも、それまでの歴史にはなかったものであった。

人々は内乱について、さまざまなことを知りたいと思ったであろう。しかし、その時代には合戦の経過を迅速に伝える、通信機や印刷機はなかった。合戦に参加した武士たちは、それぞれの立場で自身の体験を語ったに違いない。その多くは、自分たちの武勇の物語であり、自分たちの指揮者がいかに優れた武士であったかを讃える物語であったであろう。そうした物語をした者の中には、戦闘で傷つき、もとの生活に帰ることができなくなった、かつての勇士もあったと思われる。人々は、その話に耳を傾け、心躍る勇ましい話には拍手喝采し、勇士の悲劇的な運命には涙を流したであろう。

やがて、そうした話の中で人々に好まれるものが選びとられ、文筆を事とする人によって文章化される。その場合、興味深い説話を集めて行くだけでなく、複雑な合戦の動きと、合戦に登場する多彩な群像を、一つの構想のもとに叙述することを可能にしたのは、合戦の全体を歴史として描こうとする立場であった。軍記を代表する『平家物語』は、そういう中でできあがった。

語り手と聞き手

物語の語り手は、話題とするできごとの現場で自分が見てきたことを語って聞かせるという形になっている。朝廷のできごとや貴族社会の私的な生活の面を語ることをもとにして成り立っている物語は、作者なり語り手なりが現場にいたというたてまえで語ることの容易な内容のものであった。

しかし、合戦の経過を物語的な方法で書くことは、簡単なように見えて決してそうではない。合戦は多数の人々が参加して行われ、同時に数々の複雑な局面が進行する。また、合戦には必ず敵と味方があるのであるから、合戦の物語の語り手は、歴史物語のように一つの場から事の成り行きを見ているだけでは合戦の全体をとらえることはできない。その上、合戦が、単一の戦いではなく、各地に飛火するようになれば、語り手は、各地を飛び歩き、合戦の推移を見たことにしなければならない。九州からの使者のもたらした報告によれば、東国の戦いのありさまを聞いたところでは、といったように伝聞に頼るのでは、合戦の物語として迫力を持つことはできまい。

そこで、物語的歴史の語り手が数百年の長寿を保った人物であるとされたように、軍記の語り手も特別の人物であるとされる必要があった。

物語的歴史の語り手は、長寿であることを除けば、普通の人間として登場する。長寿ということは神にも近いことであるけれども、敵味方の陣中に同時に入り込んだり、人間の持たない遠目で遠い土地のできごとを見たりするような力を持ってはいない。語り手は、狭い貴族社会の動きを、長い年月にわたって見つめる傍観者であればよかった。

しかし、軍記の語り手は、時間と空間を超えて戦いの局面を観察し、複雑な戦いの推移を大局的にとらえる力をもっていなければならない。英雄的な武将の行動を語る時、語り手は、常人を超えた人間の運命に思いを馳せるが、運命と人間との葛藤を書くには、人間を超えた視点に立つことが必要であった。

合戦の全体を書くためには、物語とは異なる手法が必要になると思われるが、軍記の中に、空を飛び、遠目を持つ世継が登場するわけではない。軍記というものは、もともと合戦の事実を伝えることをたてまえとしていたから、時空を超えて飛び回る伝奇物語の語り手をあからさまに登場させるわけにはいかなかった。そうだとすれば、年月の推移を柱にして、できごとを記述していく立場に立たざるをえない。つまり、それは国史以来の歴史の書き方をたてまえとすることであった。

それならば、軍記の記述に見られる人間を超えた視点は、どうして得られるのであろうか。国史の書き方と違って、物語的歴史は、語り手を作中に登場させて、書き手が自分自身の一部を語り手として対象化する書き方をしている。ところが、軍記の書き手は、自分の分身を登場させるような知的な技巧をとることをせず、合戦の様相を事実の記録として書いて行った。それにもかかわらず、事実の記録を組み合わせて多元的な世界を作り出すことができたのは、琵琶法師という語り手の存在によってであったと思われる。書かれたものの中に語り手が明確な姿を現すことはないが、軍記が文字ではなく音声のことばによって存在する場には、語り手が不可欠だったのであり、語り手には、人間を超えた何物かが乗り移っていると考えられていた。

書き手と語り手とが分化しながら、他方では未分化のままであるという複雑な関係の中で成り立っている『平家物語』に比して、『太平記』には、書き手の分身が見え隠れする知的な技巧が目立ってくる。

軍記と説話

軍記は、多数の武士が参加し、多くの庶民も巻き込まれた事件の物語であるから、その物語の聞き手が、各地の武士庶民であったのは当然であった。したがって、合戦の物語の文章は、語りに適したものであり、ことばも、目読する文字のことばではなく、音声で伝えられるのに適したことばで綴られている。

したがって、軍記は、歴史を柱として書かれながら、目で読む歴史とは異なって、月日の推移を詳細に辿る性格は希薄になり、一人の語り手から聞く一段の物語ごとに、明確な骨格を持つ叙述になって行く。一段一段の物語は、人々の興味を集める説話に近い形になるが、他方、合戦の全体を見通し、その推移を描き出そうとする軍記は、説話集ではなく歴史であろうとしつづけた。

説話というものは、歴史の外や裏を伝える性格をもっている。広い地域で長い期間に亘って続けられた合戦には、さまざまな話が語り伝えられたであろう。武士たちの活動についても、巷間に伝えられた話とは違い、実はこれこれしかじかといった言い伝えは無数にあったに違いない。貴族社会のできごとについて、説話集が伝えているのはそうした話である。ところが、源平の合戦に関して考えてみると、後世に伝えられた異説異聞は極めて少なく、『平家物語』の異本の中には異説はあるが、『平家物語』に対して異を立てて別の構想のもとに書かれた軍記や異説を集めた説話集は見当たらない。

『平家物語』の一段一段は、歴史の典型的な構図、決定的な場面として語られており、聞き手や後世の読者にもそう受け取られた。つまり、『平家物語』の叙述は、歴史として受け取られ、その叙述の質的な高さのために、異説異見を派生させる余地のないものとして受け継がれてきたと言えよう。『平家物語』を題材とする、文学作品や芸能は早くから現れ、その数は数えきれないほどであるが、そのほとんどすべてが、『平家物語』の再話であり、異見を立てて逆の歴史を描いたものが見られないのも、そのあり方を示しているように思われる。

『太平記』にしても、『難太平記』が書かれ、『梅松論』があるとはいうものの、それらは『太平記』の多面的な性格の一部分に対する反論に過ぎず、内乱の時代の歴史叙述として『太平記』の持つ重さを、減ずるような力を持ってはいない。

三　合戦への視点

見立ての叙述

宮廷における貴族たちの動静を中心にした歴史ならばともかく、変転極まりない合戦の経過を、文章に書き表すのは容易なことではなかった。『平家物語』は年代記的な書法を柱にしながら、錯綜する政治の動きと各地の戦いを叙述しようとしているが、まだそう遠くない戦乱の時代を総括するために、それ以外の方法は考えられなかったであろう。

さまざまな情報が伝えられる合戦の場面を描こうとした時、軍記の書き手は、先行の合戦記はいうまでもなく、『史記』『漢書』など中国の歴史の中にある戦争の叙述を思い浮かべた。日本の歴史の中には、戦乱の迫力に満ちた記述は少なかったから、合戦の叙述の典型として、呉越の対立や、項羽と劉邦の戦い、王莽の反乱などを記した中国の史書の文章が思い浮かべられたのは当然のなり行きであった。

物語的な歴史の語り手が、叙述の内容を豊かにし、登場人物の複雑な立場を説明するために、聞き手や読者の知識教養に依存して、この時の帝《みかど》の立場は唐の太宗に比すべきものであったとか、大臣の苦悩は異朝の賢臣を偲ばせたというような書き方をすることは珍しくない。しかも、それは実際にその場にいた人の感想として記され、語り手と聞き手とが同質の知識教養をもっていることを前提にしている。中国の古典や仏教の教典が持ち出されても、それはあくまでも譬喩《ひゆ》であった。

軍記の作者も、そうした書き方は縦横に活用したが、軍記では、先行する合戦の叙述の典型が、単なる譬えとしてではなく、合戦を描くための構図を決める上で重要な意味を持つこととなった。軍記が事実の記録であるとはいっても、実際に起こった戦闘を文章で表現しようとした時、書き手は戸惑いを感じたであろう。書き手はそこで、すでに書かれた歴史の中に典型的な場面を見出して、それに見立てることによって叙述の型を作ることが少なくなかった。

軍記には、異朝の物語、本朝の先例が長々と引かれることが多い。書き手は、それらの引用の場面に見立てて、それを下敷きにすることによって、歴史の場面を再現して見せ、描かれた歴史の構図の意味を理解させようとする。

『太平記』が、『史記』と『平家物語』の名場面に見立てることによって、歴史の一齣《ひとこま》一齣を書いている所は少なくないが、それなくして変転極まりない歴史の断面をとらえることはできなかった。

そして、軍記に見られる見立ての叙述は、後世の読者にとって、軍記を、そこに引用された古典の知識を得るための、啓蒙的な書としての役割を果たさせることにもなった。

無常観と歴史

合戦の顚末を一つのまとまりのある物語に仕立てることができるのは、貴族か僧侶であった。複雑な合戦の経過を叙述することのできる文筆能力は、武士や庶民にはなかったと言わねばならない。合戦の当事者である武士は、自分たちの勲功《くんこう》を述べたてた軍忠状《ぐんちゅうじょう》を主君に差し出したり、自分の所領の権利を主張するために合戦のことに言及することはあっても、合戦の原因を探り、複雑な経過を記述し、それらを首尾の整った一つの物語としてまとめる力を持ってはいなかった。

とすれば、合戦記の書き手は、いずれも合戦の傍観者である公家たちであった。傍観者としての公家は、かつては彼等自身が歴史の舞台に立っていたことを誇りにしており、武士の登場によって政治の中心に立ってきた立場を脅かされていた。

歴史を傍観者として眺める立場は、『平家物語』の冒頭の文章として知られる、祇園精舎の鐘の声、諸行無常の響あり、沙羅双樹の花の色、盛者必衰の理をあらはす。…………たけき者もついには亡びぬ。ひとえに風の前の塵に同じ。という一節によく現れている。そこでは、たけき者が活動した舞台が対象化され、歴史の移り変わりは、己とかかわりはあるものの、その動きに対しては何の力も持ち得ないものとして観ぜられている。

合戦記というものが、日本人の歴史叙述の中で大きな部分を占め、その叙述の仕方が歴史に対する考え方にも影を落としたと言えるならば、合戦記的な叙述を歴史として読む中で、歴史を人間の営みを超えた無常なるものの顕現とする考え方が、日本人の歴史観を色濃く染めていると思われるのである。

しかし、そのことが、政治的なものの顕現である合戦を、無常観で染めてしまい、詠嘆的な雰囲気で歴史を書くという傾向を強めることになったと思われる。

軍記の系譜

琵琶法師の語りによって伝えられた『平家物語』は、早い時期に語りの台本とは別に読むための本を生み出した。音声のことばではなく文字のことばによる合戦の叙述は、武士たちの出で立ちや戦陣の描写などの詳しさを競うようになり、古典の引用や説話の付加をつぎつぎに行って参照を求めることも多く、時を追って膨張し、大部の異本に発展した。『源平盛衰記』はその代表的なものであるが、増補が加えられるにつれて、物語的な性格から、歴史書に近付いて行くことになった。

歴史としての軍記の代表は、『太平記』であろう。南北朝内乱の複雑な政治の動きをとらえようとしたこの書は、『史記』の場面を常に意識しながら、内乱の動きを記述していった。

長い内乱の時代を経て、新しい時代が出現した後も、歴史の動きを軍記的な手法で描き出そうとする試みが続いた。超越的な権力を持つことのできなかった室町幕府の時代には、各地の武士の反乱が跡を絶たなかった。大名の間の戦闘が起こると、その顚末を書いた軍記が作られた。その数は少なくない。しかし、その多くは軍記の形式を墨守《ぼくしゅ》しているだけで歴史の書き方に新しいものをつけ加えることはできなかった。

『平家物語』と『太平記』は、享受の広さからいっても、書かれた内容の歴史的な意味の重さからしても、他の軍記を抜いて重要な位置を占め続けた。そして、劇や小説の源泉になり、日本人の歴史知識のもとになった。

また、平曲や太平記読みは、芸能の源流となって広く浸透したために、講壇の歴史は、軍談や講談の形が親しまれ、歴史叙述の形式として定着した。明治時代以後、日本歴史は初等・中等教育の中で重視されてきたが、戦前の国定教科書の叙述形式は、いわば鏡物的であり、教室で実際に児童の人気を集めた歴史の授業は、軍談・講談的な性格のものであった。

それが、軍国主義のもとで書かれた政治史中心の日本史と深く結びついていることはいうまでもないであろう。

第六章　家と個人の経歴

一　家の歴史

先祖の事績

日本人は先祖というものを大切にし、その霊を祀ることに熱心な民族だといわれている。しかしその一方では、三代より先へ遡って先祖の名を言える人はそう多くないという。また、十八世紀のはじめ、元禄の頃以前に遡ることのできる家柄というものは稀で、そういう家は本当の名家であるといってよいともいわれる。

先祖というものを大切にしながら、具体的な先祖のことには無頓着であるというのは、矛盾しているようであるが、実はそうではない。日本人が大切に考えている先祖というのは、いつまでも個々の名を持ったままの先祖なのではなく、この世を去って数十年経てば、この世に生きていた時の個性を失ってしまい、抽象的なものになってしまった先祖なのである。

人が死んで、中陰《ちゅういん》と呼ばれる四十九日の期間が過ぎると、魂の行き先が決まるが、死者の魂は正月と盆、春秋の彼岸にはかつての家族のもとに帰ってくる。家族はさまざまな準備をして、先祖の霊やまだ記憶に新しい親しかった死者の魂を迎えるのであるが、それは日本人の間では極めて重要な年中行事であった。死んで間もない魂は、家族に親しく迎えられるが、年を経るにつれて肉親からは遠くなり、この世にあった時の知友も世を去って行くと、かつてこの世にあった時に持っていた個々の名は忘れられ、抽象的な先祖、つまり一般的な祖霊と一体化して行く。それは、いわば個人の墓標として村はずれの墓地にたてられた木の卒塔婆《そとば》が、朽ち果てて無くなるのと同じであった。

しかし、仏教が、死者儀礼と深く関わるようになり、庶民の間にも浸透してくると、多くの家では菩提寺に先祖の霊の供養を委《ゆだ》ね、寺では過去帳というものに各家の代々の名を記録することが一般になった。過去帳には、家ごとに死者の命日や享年が書き連ねられており、いわば庶民の家譜の役割を果たした。家々の必要最小限の歴史は、過去帳に書かれることになったわけである。

一般の庶民とは違って、何代も続いた名家や大きな力を持つ大家では、その家を興《おこ》した人や家督の歴代の事績が語り伝えられ、記録された。しかし、それも多くの場合は、寺院や神社に奉納したものの由来として伝えられたり、普請《ふしん》の棟札などに名をとどめるという具合で、家の歴史が書物としてまとめられることは稀であった。家譜というようなものを持っている家は、稀だといってよい。

しかし、日本人にとって家の歴史をまとめるということは、夢のような願いであったから、近代になっても、家の意識が拡大して成立し発展した会社が、経営の拡大に成功し業績が安定すると、創業者たちの多くは社史の編纂に関心を持つようになる。現在、日本中で出版され、編纂の計画が進められている社史は、数えきれない数にのぼるであろう。家を範型にして組織された会社の社史、家が集まってできている村、村が発展してできた町や市などで編纂されている町村史や市史は、日本人が何世紀にもわたって持ち続けてきた歴史意識を具体化したものという性格を持っている。

先祖と歴史

家の場合でも会社の場合でも、その歴史を考えようとする時には、さまざまな経緯を経ながらも、その家なり会社なりが他の家や会社に対して何かの特色を持っていると考えられているのが普通であろう。長い歴史を持っていれば、その間にいく度かの変動があったであろうが、一つの家や会社として、変動を越えて統一性を持ち続けており、その家風、社風をあきらかにするために歴史が顧みられるのである。

本来ならば、町や市というものも同じような性格をもっているはずであるが、近代の日本では、合理性や能率を重視して歴史を軽視した行政区画を行ったために、現在盛んに行われている町や市の歴史の編纂には、それを自然に支えるような歴史意識が希薄な場合が少なくない。県史の場合でもここ百年の歴史を別として、近代以前に遡ろうとすると、県という単位は歴史を考えるのに適していないことが実感される。そうしたことは、日本の歴史をどう書くかということを考える場合に大きな問題であるが、ここでは、家と会社を例として、もう少し考えておきたい。

一つ一つの家や会社に個性があるとすれば、その個性が形成される過程は一通りの説明で済ませるわけには行かないであろう。そのために歴史を考えることになるのであるが、まず挙げられるのは、その家や会社のはじまりの中に個性を決定する何かがあり、家が興され、会社が創立された時の精神が受け継がれて行く中で、個性ができあがったという考え方であろう。そこでは、先祖や創業者というものは、その後の家や会社の中に生き続けており、家や会社の歴史を超えたものとして重んぜられることになる。

多くの会社の歴史では、創業者の生い立ちや勤勉で創意に満ちた生涯が述べられ、その個性を敬慕した人々の努力によって、組織が拡大発展したことが説明される。会社の歴史に較べて家の場合には、歴史が書かれ広く公開されることは稀であるが、そこでも同じように先祖の系譜や事績が語られ、代々それを受け継いできた人々の名が挙げられるわけである。

先祖や創業者の精神を伝えるものの例に、家訓を挙げることができる。家訓は、家や会社の歴史を超えて、守らなければならないものとされ、家訓を守り伝えてきた代々の事績を記述したものが、家や会社の歴史であるということになる。近代百年の激動の中で成長発展した会社の場合には、年月は短くとも、歴史として書くべきことは少なくないであろうが、一般の家の場合に、どの家にも波瀾万丈の物語があるわけではない。しかし、家の外に向かって語るような物語がなくとも、家々では家を興した先祖の祭りは大切にされてきた。そうした家にとって大切なものが、系図であったといえよう。

先祖は大切にされるが、多くの家では先祖の具体的な名は失われているから、家の歴史を考えようとする人々は、先祖を歴史の中で活動した名ある人物に結びつけようとした。大部分の日本人は、源平藤橘《げんぺいとうきつ》の四つの氏から分かれたことになっており、それを具体的に示すものが家々の系図であった。系図というものが、史実の記録としては信を置くに足りないことは、歴史の研究者によって指摘されているが、系図を大切にしている家は少なくないし、現代でも家の歴史に思いを馳せようとする人々の求めに応じて、古い時代に遡る系図を作ることが行われているという。

家の栄枯

家や会社の歴史というのは、世間一般の人々にとって身近な歴史であることはいうまでもない。歴史に対する関心はさまざまであるが、歴史を道徳的な観点から考えようとする見方は、古くから根強いものがあった。経済優先の現代では急激に失われつつあるが、奢れる者久しからず、正邪善悪の行いに対してはそれぞれの報いがある、という考えは、日本人の人生論、処世観を濃く彩っていたし、歴史もそうした観点で見ようとする人々が多かった。

ところで、そうした問題を身近なところで考えるとすれば、まずは人の一生の間に正邪善悪の報いが顕れることが望ましいが、世間の成り行きは人々の期待のようには進まない。悪はますますはびこり、強者は時を得て栄えるように思えることも少なくない。そこで、日本人は、一人の人間の生で歴史を量るのではなく、何代にもわたる家の歴史の中に、道徳的なものの顕現を見ようとした。

実際に、何代かにわたる家の歴史を考えると、その浮き沈みはなかなか激しく、近隣を圧して栄えた家がたちまちに傾き、貧窮を極めた家が一代の間に財を成すことが珍しくないというのが、日本人の身近で経験的な歴史の知識であった。何代かにわたる家々の栄枯盛衰を眺めると、そこには正邪善悪の報いが明らかに読み取れる。人々に敬慕される人の出た家は、たとえ財を成すことがなくとも、末永く続き、人々の誹《そし》りを受けざるを得なかった家は、一時は栄えたとしても、必ず没落の悲運に遇う。

家運ということばで総括されるような家々の歴史を考えることは、日本人の歴史に対する関心の、道徳的、倫理的な面をよく表すものであった。或る土地でかつて並ぶ者のないほど栄えた長者が、家運の傾くのをいかんとも為し得ず、没落してしまった跡を顧み、その栄華と没落を伝説として語ることが、村の歴史の中で大きな部分を占めるものとして伝えられたことは少なくない。

人間の一代の間に明確な形で顕れることはなくても、家の歴史を辿れば、必ず奢《おご》れる者は久しくその繁栄を保てず、強く邪悪な者は報いを受けることが、明らかとなる。人々はそう確信し、そのことを表明するために、身近な村や家の歴史を語ったのである。

二　伝記

生涯の総括

人の命ははかないもので、一生は瞬時の夢幻に過ぎない。仏教的な雰囲気が濃くなった中世以来、そういうものの考え方が広まり、歴史というものは、人間存在のはかなさ、たよりなさを顕に感じさせるために、引き合いに出されることが多かった。悠久の歴史に比べて見れば、人の一生はまことに短いと言わざるを得ないというわけである。

しかし、世の中は人間が集まってできており、その世の中の移り変わりを述べたものが、歴史であると考えられてきた。歴史が、人間によって作られてきたものであれば、人間の一生を叙述することは歴史のはじまりであるといってもよいと思われるが、人の一生のはかなさを強調し、家の代々の移り変わりに歴史を見ることに慣れていた日本人の間では、一人の人間の生涯を叙述することが、歴史の叙述の基本的なものの一つであるという考え方は、一般的なものにならなかった。

中国の正史では、列伝は本紀につぐ重要な部分で、完成度の高い文章で綴られた人物史は、『史記』や『漢書』『後漢書』を諳《そら》んずるほどよく読んでいた日本の官人貴族を、魅了し続けた。したがって、国史の編纂者たちが、正史の中の列伝の重要性について知らないはずはなく、可能であれば国史にも人物史を加えたいと考えたに違いない。しかし、国史は本紀の性格を加味した編年形式で書かれ、列伝を立てることをしなかった。そして、列伝をたてることができなかった『日本書紀』の形式が、後の国史を規制したのである。後の国史が辛うじて官人や僧侶の死亡の記事に続けて伝を記入するよう努めていることは、すでに述べた通りである。

国史の中の官人や僧侶の伝は、その人の死亡記事の一部として書かれる。つまり、卒伝でその人の生涯が総括されるわけである。われわれの一般的な体験でも、死者に対する追悼の文では、その人の生涯を回顧し、功績を讃える。人の死に際して、生き残った人々が、死者の一生を思い、事績を回顧するのは自然な感情の発露であった。

伝記の発生は、そうした感情を背景にした墓誌銘や記念・顕彰の碑文などであると思われるが、その骨格になるのは年譜であろう。年譜は、まず出自の氏の名、父母、出生地、出生月日などを記す。ついで、幼年から成年までの跡をたどり、経歴を述べ、生涯の事績を記し、死亡の日付と享年を記して終わる。

国史の編纂者は、卒伝を書くために、貴族であれば子孫に、僧侶であればその僧が属した寺院に、年譜を提出することを求めた。おそらくそうしたことが一つの契機になって、個人の年譜をまとめ、年譜に加筆して伝記をまとめることが行われるようになったものと思われる。

平安時代の半ばに、律令政治の立て直しの努力を続けた三善清行が、初期の良吏として名高い藤原保則を顕彰しようとして書いた『藤原保則伝』、最澄の弟子によってまとめられた、日本天台宗の開祖の事績を伝える『叡山大師伝』をはじめ、数々の伝記が書かれたが、それらの中で、子孫や教派を越えて広く読まれたものは、そう多くはない。

僧伝の集成

歴史を作るのは人間であるとすれば、一つの時代、一つの集団、一つの分野の動向を述べるために、それらを形作った人々の伝記を並べて、歴史に代えるという方法が考えられる。

例えば、中国で後漢の時代以降、仏教がさかんになり、文化史の上で大きな影響を与え、寺院や僧侶が政治にも深い関わりをもった。当然、仏教の歴史を書くことがはじまり、さまざまな形の仏教史が書かれたが、梁の時代に、僧侶の伝記を集めて作った『高僧伝』が著されると、それ以後、『唐高僧伝』『宋高僧伝』『明高僧伝』というように、つぎつぎに浩瀚《こうかん》な僧伝が編纂され、仏教史を記述する上で、高僧伝が基本的な形式になった。中国には、厳然として正史というものがあったから、仏教の歴史は、列伝の特殊な分野としての高僧伝で書くことが正統と考えられたのである。

中国の僧伝の影響であろうか、日本でも、僧の伝を集めることは早くからはじまった。『延暦僧録』は唐僧の思託によって編纂された日本最初の僧伝であるが、現在は失われてしまった。また平安時代中期以降、浄土教が盛んになると、阿彌陀如来を信仰し極楽に往生した人々の伝を集め、浄土教の支えにしようとする貴族の信者が現れ、『日本往生極楽記』『続本朝往生伝』をはじめ、数々の往生伝が編纂された。

鎌倉時代になって活動をはじめた新仏教の諸宗では、祖師に対する信仰が盛んで、祖師の伝記がつぎつぎに書かれた。宗教的な性格の濃い祖師伝は、神話的な記述やさまざまな伝説を含んでいて、歴史としての性格が希薄なものも少なくないが、伝記を人々の前で繰り返し説き、絵巻物の形で描き出すということは、鎌倉時代にはじまり、日本人の歴史像に少なからぬ影響を与えた。

新仏教の活動によって仏教の日本化の動きが活発になると、日本の歴史の中で仏教が果たしてきた役割を考えようとする人々が現れ、仏教史への関心が高まり、その叙述が試みられるようになった。そうした中で、南都の僧宗性は『日本高僧伝要文抄』を著し、鎌倉時代も末になって、虎関師錬が『元亨釈書』を著した。『元亨釈書』は、四百人を越える僧の伝記を集め、中国の高僧伝を参考にして編纂した本格的な日本仏教史であった。師錬は、僧伝を中心にしながら、歴代天皇の仏教との関わりを述べた資治表、仏教の部門史を記した十の志を付けて、紀伝体の形をとっている。

その後、宗派や教団、寺院ごとに高僧名僧の伝記を集めて、僧伝集を編纂することが盛んになった。江戸時代になって、師蛮が『本朝高僧伝』という最も大きな僧伝集を編纂し、日本の仏教史を知ろうとする人々の間で広く読まれた。

人物史と歴史

僧侶の伝記集が盛んに作られたのに対して、貴族や武士の伝記を集め、何巻もの伝記集を編纂することは、盛んにはならなかった。

僧の伝記が書きやすく、集めることも容易だったのは、僧の経歴が一般化しやすい性格を持っていたからであろう。つまり、出家すれば、原則としてもとの身分や家柄というものは消えるわけで、出家得度からはじまる僧の経歴は、生年よりも臈年《ろうねん》（僧になってからの年数）が重んじられることになる。出家後の経歴は学問と修行の積み重ねと、僧位僧官の昇進、寺院の役職の履歴ということになるが、それらに宗派の違いはあっても、武士や公家の経歴と比べれば極めて整理し易い。

そうした僧侶に比して、貴族や武士の伝記を書こうとすれば、どうしてもその親や先祖、一族一門を考慮から外すわけには行かなくなり、結局は個人の伝記よりも家の歴史ということになる。そうした理由からであろうか、僧の伝記と伝記集の多さに比して、貴族や武家の伝記集というようなものが作られることは稀であった。仏教の歴史以外の分野では、人物群像を記述して歴史の或る部分を描き出そうとする試みは、日本では余り盛んにならなかった。

中国に倣《なら》って、十哲・七賢・三傑などさまざまな人物群を数え上げることは盛んであったが、それらの人物群像を詳しく描いて、歴史を表現し、歴史として読むということは盛んにはならなかったと言わねばならない。

それはやはり、歴史が家の歴史として考えられ、横断的な集団の歴史を考えることが少なかったからであろう。

三　自叙伝

個人の日記

律令政府の中では、部局毎に重要なできごとを一日一日記録した数々の公日記が作られていたが、そうした官衙の日記に対して、平安時代に入ると、貴族の間で私的な日記を書くことが盛んになった。九世紀半ばに藤原師輔が書いた『九条殿遺誡《くじょうどのいかい》』は、摂関藤原氏の家訓として重んぜられたが、その中に、毎朝起きるとまず昨日のことを思い出し、重要なことがらを記して後のために備えるようにと書かれており、当時貴族の間で日記を書くことが重視されていたことがわかる。

日記を細かに書いておけば、後にそれが宮廷の政務の処理のために大いに役立ったし、父や祖父などの日記を受け継いで参照してみれば、宮廷の行事に参加したりする時に、大変な強みになった。したがって、個人の記録である日記は、大切に保管され、子孫によって書き写され、必要な部分を抜き書きすることも盛んに行われた。現在、平安時代以後の厖大な日記が残されており、伝記研究の史料として読まれることはいうまでもなく、歴史の史料として重視されている。

社会的な活動に必要な知識情報を集めるために、毎日欠かさず見聞したことを記録したものが日記だとすると、日記は、歴史の叙述に通ずる面をもっていたといえよう。日記の記事の選択が公的な性格を強めれば、それは編年体の歴史に近く、私的な人物批評や世間の動静にたいする感想が書き込まれると、個人的な立場を主張するものになる。

もともと日記には、淡々と時の流れに沿って記述して行く日次の記というような性格の日記と、特定の事件や主題を掲げてその記述を進めるに際して日記の形式に依ろうとするものとがあった。合戦の記録や旅の日記などには、こうした形のものが多い。平安時代の半ばになると、身近な主題を見つけて自己の見聞を書き表し、さらに自己の内面の揺れ動きを克明に書き表そうとする、仮名の日記文学が盛んになった。『更級日記』などは、長期に亘る作者の心情の移り変わりを克明に描いており、自叙伝に近い内容をもっている。

自撰の年譜

公家の中には、少年の日に日記を書きはじめ、日記を書くことを生涯続ける者も少なくなかった。そういう日記の筆者が、自分の日記を読み返し、生涯を回顧してその総括を試みれば、自叙伝が書けることになるであろう。日記の摘要として自撰の年譜を作り、年譜にとりあげた事項に説明を加えて行くと、自叙伝ができあがることになる。自撰の年譜は、国史の卒伝の史料のような簡略なものから、自叙伝に近いものまでさまざまなものがあることになるが、現在残されている自歴譜、自撰年譜は、家系と官職の履歴からなっており、自叙伝と言ってもいいものは少ないと言わねばならない。

生涯にわたる日記の摘要が、詳しいものであっても、それがそのまま自叙伝になるわけではない。自叙伝というものは、自己を対象化し、自己の中に世界を集約してとらえるという個人意識によって書かれるという性格を持っているからである。自叙伝を書くためには、まず自己の立場を、弁明であれ、自己主張であれ、はっきりと自覚することがなければならない。歴史の中で自己をとらえる試みを続け、それを通じてはじめて自叙伝を書くことが可能になるわけである。

自叙伝と歴史

慈円は、転換期における摂関家の一員として、歴史をとらえようとし、貴族社会の転換点となった保元の乱の本質を見極めたいと考えて、『愚管抄』を書いた。慈円は、保元の乱の前年に生まれた人物であったから、保元の乱の原因や経過を克明に辿り、その後の歴史を書こうとして、実際に書かれた『愚管抄』は、慈円の同時代史を中心にし、同時代史の問題を説明するために、国初まで遡るという形になった。

同時代の歴史を凝視した慈円は、歴史の中に分け入って歴史を追体験しようとしたが、それを古い時代にも及ぼして、歴史を内面的に理解しようと努めている。そうした歴史の理解が、明確に自覚化された個人意識の上に成りたっていることは注目に値しよう。

自叙伝的な内容を持つ歴史としての例をもう一つ挙げるならば、新井白石の『折たく柴の記』を逸することはできないであろう。白石は、自己の生涯を顧み、子息に対して自分の経歴を語ろうとして『折たく柴の記』を書いた。その中で白石は、父の面影を詳しく描いて自己の生い立ちを説き、自分が武士として果たした事績を明らかにしようとした。そこでは、子孫に語りかけるために、自己を対象化する営みを続け、それを通じて自叙伝が書かれている。

自叙伝というものは、自分を取り巻くすべてのものが、自分の形相と存在に関わっているという考えの上に成り立っている。つまり、先祖以来の系譜は、自己に集約されており、世間のさまざまなできごとも自分との関係で量られることになる。とすれば、自叙伝を書く主体は、かなりはっきりとした自意識を持っていなければならないであろう。

平安時代の仮名文学の作者は、明確な自意識を持ち、研ぎ澄ました目で世間を見て日記文学と呼ばれるものを作り上げた。世間に対する鋭いまなざしが、自己に向けられた時、それは自叙伝を生み出すことになろう。鴨長明の『方丈記』は、自己の生涯を顧みることと、現在の自己の生活を肯定的に述べることを柱にして書かれているが、長明のような自足的、肯定的な立場ではなく、なお社会の在るべき姿を考えつづけることと、自己の生涯を顧みることを重ね合わせたのが、慈円の『愚管抄』であった。

中国の僧侶は、自歴譜を書くことが多い。その伝統を受け継いだ日本の禅僧は、多くの自撰年譜を残している。この場合も、仏教が伝記や自叙伝と深い関わりを持っていたことを思わせる。

自叙伝ほど明確な自意識を持たないものに、回想記がある。しかし、日本人は、自叙伝を書くことが少なく、回想記をまとめる形で一つの時代を描こうとすることも多くなかった。また、自叙伝を読み、回想記を読む人々も、それを通じて歴史を読み取ろうとすることは少ない。歴史の流れというものは、個人を超えた別のところにあり、個人の歴史は、世の中の歴史とは全く違う次元の問題だと考えられてきたように思われる。

第七章　史書と史論の伝統

一　歴史の流れと時間

世の移り変わり

歴史というものは、世の中の移り変わりを述べたものと考えられている。世の中ということばを世間ということばと同じ意味に解し、さらに社会というようなことばに置き換えた上で、社会の構成や社会を成り立たせている文化の推移を考えるのが歴史だと考えれば、そういう説明はごく自然なもののようであるが、世の中の、世ということばは、もとはもう少し違った意味を持っていた。

世というのは、竹の節のような一つの区切りを意味し、人が生きることのできる時間、つまり寿命をいったが、それから広がって、帝王一代の治世を言い、人が一生の間生きていられる社会を意味するようになった。『大鏡』に出てくる語り手の世継翁は、帝王の治世がつぎつぎに受け継がれてきたことを語る者を指していたわけで、天皇の位が代々受け継がれてきたことが世の移り変わりであり、それが歴史だと考えられていたのである。

近代の人間は、歴史の時間を過去から現在への直線的な流れとして考えることが多い。しかし、古い時代の人々は、歴史というものについて、いつも近代の人間のように考えていたわけではなかった。たしかに天皇の位はつぎつぎに受け継がれ、代々移り変わって行くが、振り返って一般の人々の生活を見れば、そこに父母や祖父母の暮らしと変わるものは何もなく、全く同じことが繰り返されているように思われた。

四季の移り変わりにつれて進められて行く農耕の労働は、毎年同じ季節に同じ作業を繰り返して行くことで成り立っていたから、遠い先祖の暮らしも今と変わるところはなく、遡って行けば神々の生活も根本は同じだと考えても不思議はない。人々の暮らしのほとんどが、いわば年中行事の繰り返しだとすると、暮らしの中の時間は直線的に流れて行くのではなく、季節とともに移り変わっても年毎にまたもとの所に戻ってくる、円環的なものと考えられることになる。

一人の人間の生命は、生まれてから成長をはじめ、老いて死ぬまで一本の線の上を進んで行くもののように見える。しかし、それも個人を超えた立場から見れば、日常の生活が一年を単位として繰り返されているように、人間のあり方も一生を単位として同じことが繰り返されているように見えるであろうし、それを円環的なものとして考えることもできるであろう。人間の生活を円環的な時間で考えると、そこでの歴史に対する見方は、われわれが直線的な時間の中にできるだけ多くのことがらを結びつけようとするのとは異なったものであるに違いない。生活の循環を破る天変地異も、伝説として語られる間に、円環的な時間の中に取り込まれてしまうのである。

人々の生活も人間の一生も、すべて同じことの繰り返しに近いと考えられる中で、一代一代固有の名を持つ天皇の治世がつぎつぎに受け継がれてきたことだけが、まず直線的な移り変わりとして見られるようになり、それを軸にして歴史が考えられるようになった。極めて古い時代には、移り変わって行くものとして、歴代の天皇だけが取り上げられ、天皇の系譜を順々に読み上げることが歴史と考えられていたが、非日常的なできごと、つまり天変地異や戦争などが、天皇の治世に結び付けられて語られるようになり、時代が下るとともに、天皇を中心とする政治や社会の制度、天皇を補佐する歴代の臣下の系譜、外国との交渉などが歴史の中に取りこまれ、移り変わるものとして取り上げられるものの範囲が拡大されることになった。

末法思想と歴史

円環的な時間の中で暮らす人々が、天皇の系譜を軸にして歴史を辿るとすれば、その中の大きな変化といえば、天皇が系図の上で別の系統に移ったことや、都が別の地域に移ったことなどであろう。したがって、そうした移り変わりを説明するために、歴史をいくつかに区切るとしても、それは単純な問題であった。しかし、歴史の対象が拡大し複雑になるにつれて、世の中の移り変わりは、歴史を考えたり書いたりする人の立場によって、さまざまな相貌を見せるようになり、歴史の流れの区切り方も一様ではなくなった。

歴史というものが一定の方向に向かって流れて行くものであるという見方を日本人に教えたのは、仏教であり、特に末法《まっぽう》思想であった。末法思想は、六世紀の西北インドで起こり、まもなく中国に伝わったと考えられている。それは、はじめ仏教の信徒に対して堕落を戒めるために説かれた教えであったが、南北朝時代の中国では、仏教が盛んになるとともに弾圧と迫害も激しくなったので、末法思想は仏教の危機を論ずる歴史思想として発展し、末法の時代の人々を救済するために、新しい教えがさまざまに説かれるようになった。

末法思想では、釈迦の死後五百年、または一千年を正法《しょうぼう》の時代と言い、その間は仏の教えを理解し、実践し、さとりを得ることが可能な時代であったが、つぎの像法《ぞうほう》の時代に入ると、教えと実践はあっても、さとりを開く者はなくなる。像法は、その期間を五百年とする説もあるが、一千年とするものが多く、像法が終わって末法に入ると、教えだけあって実践はなく、当然さとりを得ることはできなくなるという。そして、さらにその末法が一万年続いた後に、仏の教えも滅尽《めつじん》すると説かれた。

釈迦の死後、正法・像法・末法と変わって行く画期を、実際の歴史の中で何時と考えるかについては、種々の説があった。中国で広く行われていた説に従うと、仏教の日本伝来の年が末法に入る年に当たることになるために、日本ではそれよりも五百年遅い説が受け入れられ、平安時代も後期に入る一〇五二年（永承七）が、末法に入る年と信じられた。末法思想は、本来は僧侶の堕落や教団の世俗化を戒めるために説かれたものであったが、当時、貴族社会の秩序の乱れが覆い難いものとなっていたために、歴史を衰退下降するものとしてとらえる考え方が大きな影響力を持ち、停滞しはじめた貴族社会で所を得ることのできない貴族たちの心境がそれに重なって、現実の世の中を澆季《ぎょうき》末世と考える見方が広まって行った。

現実の世に対して不満をもち批判を加えようとする人々は、過ぎ去った時代の中に理想的な世を描き出し、それを美化し現実と較べて見ることが多く、そうした考え方は、平安時代の中頃から鎌倉時代を通じて、貴族知識人を覆っていた。したがって、物語や日記、歴史物語や軍記などの中には、末法思想的な歴史の見方が随所に現れている。

道理の推移

末法思想が多くの人々の心をとらえたのは、平安時代の末から鎌倉時代の初めにかけての僅かな時期であり、それを主体的に理解したのは、極めて一部の人々であった。古典の中の末法に言及した文章は、過去を美化して現在を貶《おとし》める、人間一般の思想の表明以上の意味を持っていないことが多い。それらは、没落して行く貴族たちが、自分たちの立場に対する感傷から、末法という考えに惹かれたことを表すものであり、歴史の思想として展開させたものではなかった。

しかし、末法の考え方が話題になったことによって、日本の歴史はいつから末法に入るのかという議論が起こり、歴史をいくつかの段階に区切ってとらえる試みがはじまった。一般に歴史を考える場合、誰しもとるのは、三分法であろう。古く遠い時代と、近い今の時代、そしてその間の時代。上つ世・中つ世・近つ世、という区分は早くから行われ、多くの歴史叙述はその方法をとった。ただし三つの世の上に神世を置いたことは、すでに述べた通りである。

歴史の対象、つまり移り変わるものとしてとらえるべきものが拡大するにつれて、歴史の段階の区切り方も多様になり、歴史を、遠い時代と近い時代、その中間の時代というようなとらえ方ではなく、内在的なものによって区切る試みがはじまった。鎌倉時代の初めに慈円によって書かれた『愚管抄』は、国初以来の日本国の歴史を大観し、歴史の底を流れているものがいかなるものであるかを論じた書として画期的なものであったが、日本国の歴史の移り変わりを七つに区分して総括している。

慈円は、世の中のことは何ごとも、それがそういう形で現れる道理を持っていると考えた。すべてのものごとが道理を持っているとすれば、それにも関わらず、歴史が一定の方向に動いて行くように見えるのはなぜであろうか。慈円は、道理というものには、私的で小さいもの、公的で大きいもの、小さな事件に関して現れ短期間で消えてゆくもの、大きな問題に関わって長期に亘って世の中を支えるものなど、さまざまなものがあると見た上で、あらゆるものはそれぞれに道理を持っているが、世の中の移り変わりは無数の道理が競合し、激突して大きい道理が小さい道理を包摂して行く過程であると考えた。

そこで慈円は、長期に亘って世の中を支える基本的で大きい道理がどういうものであるかを考え、それによって歴史を区分しようと試みた。その結論は、『愚管抄』の総論の部分に、日本国の政治のあり方の七つの型として記されている。最高の貴族の家に生まれて若くして出家し、政治の世界を対象化して見ることのできる立場に立った慈円は、なお貴族社会のあり方に思いを凝らし続けたが、そうした視点に立つことによって、日本で最初の史論が書かれることになったのである。

二　歴史への視点

神皇の系譜

末法思想というものは、つきつめて考えてみると、天照大神に護られた万世一系の天皇を軸とする日本の歴史とは、もともと相容れないものであった。日本では、仏とその教えが天照大神と天皇を完全に超えることは、ありえなかったからである。たとえ天皇の権威が失われ、貴族社会が衰退したとしても、天皇の系譜が滅尽することは、ありえないことと考えられていた。中世の歴史の書き方の中には、乱世、末世を嘆く記述が溢れているが、そのことが日本の歴史全体を直線的、一方的な下降衰退の流れとしてとらえきったことの表明ではなかったのはいうまでもない。

『愚管抄』と並ぶ中世の代表的な史書として名高い『神皇正統記』も、歴史の叙述の中に多くの史論を含んでいる。『神皇正統記』の著者北畠親房は、南朝の天皇の正統性を主張し、天皇のあり方を論ずるために、歴代天皇の系譜を辿り、皇位の継承の経緯を明らかにしながら、その中に天照大神の神意が一貫して流れていることを述べようとした。天皇が、国王の位に相応しくない場合には廃され、皇子がない時には別の系統に移ることがあるが、そうしたことはすべて天照大神の神意によるものであるという。

公家としての正統的な学問を身につけていた親房は、天照大神の神意を、儒教を中心とする中国の古典の思想で説き明かそうとした。例えば、天皇の系譜に見える複雑な枝分かれに注目し、枝分かれした一つの系統が絶えることがあるのは、その系統に国王としての資格に欠ける天皇が出たり、皇位を不安定にする原因がいくつも重なったりして起こることだと考えた。皇統が別の系統に移ることとは、天皇自身の行いによるという親房の主張は、中国の易姓革命の思想が、皇統の中の枝分かれである系統の間の移り変わりとしてとらえられ、天命が革《あらた》まることが、民心の動きではなくて、天照大神のはからいとして説明されるわけである。

こうした歴史の見方が、三種の神器を伝えている南朝の天皇が正統であるという主張と重なり、さらに、天皇として行わねばならない政道を論じて、後醍醐天皇に対してもその政治に批判的な立場をとらせることになった。『神皇正統記』は、当時形を整えつつあった神道の教説によって天皇の神聖な性格を説明したが、仏教に対して対立的な立場に立つ神道は、儒教や道教の教説を取り込んでいたから、それらの思想で歴史をとらえようとしたものであった。

『愚管抄』が、皇帝年代記・世の中の推移の説明・総論、という三部構成をとっていることが示しているように、正統的な歴史は天皇の系譜（皇帝年代記）を中心に書かれるものであり、それをめぐって歴史の意味を論ずる史論が記述されたのであった。『神皇正統記』が、「皇代記」を柱にしてその行間に長大な論評を記入する形で書かれていることも同じように、日本人の間で歴史というものが何を手掛りにして考えられていたかを物語っていると言えよう。

乱世の統一者

中世の末から、政治をめぐる思想的な場で、仏教的なものが後退しはじめ、儒教的なものが重んぜられるようになると、天意にかない、正道に基づいた政治を行おうとする者が治者となり、正道に外れた行いがあれば権力を保つことはできないという考え方が広まった。そして近世に入ると、そうした考え方に沿って戦国時代以来の戦乱の歴史を叙述しようとする試みが盛んになった。さまざまな史書、史論書が書かれたが、新井白石の『読史余論』はその代表であろう。将軍徳川家宣の前で続けられた講義の草稿であったこの書は、武家政治の発展の跡を理路整然と五つの段階に分けて説明し、縦横に論評を加えている。

儒教的な歴史の見方は、六国史の中にすでに見られるが、それは政治の批判などの部分的なものにとどまり、歴史の構想と関わるようなものではなかった。しかし、鎌倉時代に入って宋との交渉が活発になり、宋代の新しい儒学がもたらされ、禅僧の間でも論じられるようになると、歴史をとらえ論評する上で、儒教的な考え方が大きな役割を担うことになった。『太平記』や『神皇正統記』

が、『平家物語』や『愚管抄』の持つ仏教的な雰囲気を払拭して、儒教的な思想の影響を強く受けていることはすでに述べた通りである。

中国の学問・思想を受け容れる窓口になったのは、五山の禅僧であった。中巌円月《ちゅうがんえんげつ》が、周の時代に呉の国を開いた泰伯を日本の始祖としたのをはじめ、日本の淵源を中国に求めて、中国の聖人、天子の余徳として、日本の歴史を説明しようとする説が現れた。

ところで、室町幕府が亡んで戦国の乱世に入ってからは、全国各地に覇を唱える武将が出現して戦い、天下に号令するために京都を目指して争いを続けたが、その動きは中国の歴史の革命において天子が現れる過程に対比するに相応しいものと思われた。戦国時代の歴史を、天皇を外して書くならば、その動きを儒教の歴史思想で追認することが、容易だったのである。近世になって徳川幕府の正統性を主張するために、そうした立場でさまざまな歴史が編纂された。『読史余論』は、歴史の推移は天のはからいによるもので、正道に基づいて政治を行う人物が、天のはからいによって支持されるという考え方によって書かれている。したがって、歴史上の人物の行為は、儒教の政道思想による厳しい批判にさらされることになる。徳川家康に対しては評価が高すぎるきらいはあるが、天皇、上皇、将軍をはじめ、政治の中心にあった人物に対する批評は鋭い。白石の史論の緊張度の高さは、歴史を講じて治乱の跡を明らかにし、それによって徳川幕府の政治を正すことができるという、白石の思想によって支えられていると思われる。

歴史の大観

仏教や儒教の立場で歴史を解釈することは、本来筋道のさだかでない歴史というものに、明快な筋書を与えるという役割を果たすと同時に、歴史を素材にして仏教や儒教の教説の普遍性を主張するという面をもっていた。ところが、近世に入って、儒教の中に生まれた古学派の間では、虚心に聖人の道を理解することが重視され、そのために経書の厳密な研究がはじまった。

経書をそれが成立した時代の思想で解読しようとする関心は、やがて日本の古典の研究法にも影響を与えるようになり、仏教や儒教の思想に基づいて日本の古典を解釈するのではなく、古代の日本人の心のありのままの姿を明らかにしようとする国学へと展開した。

本居宣長は、『古事記』の研究を続ける中で、古代の日本人の姿を明らかにし、倫理や宗教から解放された、ありのままの歴史を描き出そうとした。宣長は、ありのままの日本人を描き出すためには、仏教や儒教の影響を一つ一つ剥がして行くことが不可欠なことと考え、仏教や儒教の思想の影響の最も少ない『古事記』の中に、日本的なものの姿を探ることができると考えた。

しかし、その結果宣長は、『古事記』の世界を絶対化することになり、歴史と神話の関係を解明することができなかった。

国学の立場で歴史の研究を進めた人々の多くは、精密な文献考証の分野で数々の成果を上げたが、伊達千広の『大勢三転考』は、仏教や儒教の教説から演繹して歴史をとらえるというような論法ではなく、歴史を大観して上つ代は骨（かばね）の時代、中つ代は職（つかさ）の時代、下つ代は名（な）の時代というように、日本の歴史は社会制度の変遷の観点から見れば、大きく分けて三つの時代を経ていることを論じた書で、近代の史論の先駆ともいうべきものであった。

こうした歴史の大観の動きは、明治になって自由な立場で歴史を論ずることが盛んになる中で、日本には政府の歴史があるのみで、人民や文明の歴史はなかったと論じた田口卯吉や、福沢諭吉の歴史の見方の前提になった。

具体的な史実をめぐって、その意味を縦横に論ずる史論は、歴史を書き、また読む上で重要な役割を果たすべきものであるが、近代的な歴史学が成立する過程で、史論が歴史学の外へ押しやられ、狭義の歴史書と史論書とが別のものと考えられるようになった。それは、近代の歴史学にとって不幸なことであったが、ここでは多くを論ずる余裕がない。

三　歴史を書く立場

貴族と武士

日本史の用語で、英語などに翻訳するのが難しいことばは少なくないが、貴族ということばは、その筆頭だと聞いたことがある。貴族ははじめ、文字通り貴族であったが、間もなく貴族の中に貧しさを託《かこ》つものが珍しくなくなり、中世以降は貴族といえば気位だけは高いが貧乏で策略に長けた者を連想するのが一般になった。西洋の貴族が、領地の経営に力を発揮し、狩猟や競技を好んで行動的であるのに対して、日本の貴族は、武士に対してひ弱で行動力に欠けると思われている。しかし、武士は貴族に対して、文化的な力では到底太刀打ちできない。文化的な権威と力で、社会的に高い地位を保っているのが日本の貴族であり、そのためにさまざまな社会的な仕組みが作られていた。

中国から文字を輸入して以来、それを駆使する技術を身につけたのは貴族であったから、歴史を書く仕事に従事したのも、多くは貴族であった。すでに、説話集の編纂や合戦記の編述のところで触れたように、日本の歴史叙述は基本的に、文筆の能力で武士を圧倒していた貴族の立場で試みられたものであった。僧侶の書いた歴史書も少なくないが、僧侶はたてまえとして現世の外にいることになっていたから、世俗の渦中にあってその動きを記述するには不適当な面があった。

その点、文筆能力を独占的に伝えている貴族は、中世以降社会的な力を失ったことで、世間の動きに対して、距離を置いて見ることが可能になり、歴史の裏話を蒐集したり、同時代の合戦の動きを記した戦記の数々を書いたりすることになった。

しかし、そのことはまた、歴史をいわば傍観者として眺めることに終始し、適度の距離を保ってはいるが、書き手の立場を何処までも主張し、その論拠となるための史実を執拗にあげつらね、自己の政治的、宗教的な陣営を弁護しつづけるというような、党派性の強い歴史書というものを、少なくしてしまうもとにもなった。

傍観者的な視点が公平な視点であり、客観的な歴史叙述の立場を保障し、党派性の強い歴史叙述は歴史の真実を覆い隠すものであるという考え方が、日本人の間で知らず知らずの間に定着したのも、そのためであると思われる。

中央と地方

常に貴族的な視点で歴史が書かれてきた日本では、貴族が集まり住む京都を舞台として、世の中の動きを見るという型ができあがった。

もともと、一つの集団が、自分たちの文化の特性を自覚するためには、その集団よりも高度の文化を持つ集団と出会って、自分たちの文化の低さを知るか、自分たちよりも文化的に低い集団に出会って、優位性を確認するかが必要であった。高い文化に遭遇した場合には、その文化の摂取に向かうことになるから、自己の文化の特性を反芻することはできにくく、自分たちの文化を自覚するのは、多くの場合、低い文化に対する優位性を誇ることによってであった。

日本人は、歴史的に中国に対して何とか自己を主張したいという願いを持っていたので、普遍的な中国に対して特殊な日本という考え方で、日本文化を自覚した。そして、日本は、中国、朝鮮の外側に広がる海に浮かぶ島国であったから、日本よりも文化的に遅れた国や民族を見つけ、それに対して日本文化の価値を主張するという関係を作ることができなかった。

そこで考えられたのが、都の高く優れた文化と文化果てる地方という対比の中で、外来文化を摂取した貴族的な日本文化を自覚することであった。都は具体的には京都であり、地方は観念の世界で作られた東国がその代表となった。実際には、地方といっても、異民族が住んでいるわけではなく、文化的に質的な違いがそれほどあるわけではなかったから、観念的に築き上げられたもので、貴族の美的な世界と粗野な東国武士という図式ができあがる。そして、それが日本歴史のとらえ方を規制した。

公武の二元的な対立の中で歴史の動きをとらえようとする試みは、その最たるものであるが、公は京都にあり、武は地方、特に東国にある。中央は常に価値の中心であり、地方は歴史の外に繋がる。どこの国の歴史にも、中央と地方の歴史の把握をどうするかという問題はあるに違いない。しかし、日本では、飛鳥という小さな盆地の歴史が、古代史の全部であり、その後歴史の舞台は奈良盆地から京都の盆地へと移りはしたものの、つまるところ中央の狭い盆地で起こったことだけを記述したものが、国の歴史として何の疑問もなく通ってきた。

その傾向は、中世に入っても基本的には続いており、近世になって江戸という東国の都市が中央としての性格を持ちかけたが、京都を中心とする歴史の構図の根底を揺さぶることはできなかった。そして、中央は天皇のいる所であったから、明治になって天皇が東京に遷ると、東京を中央として地方の歴史を軽視し無視することが一般になった。自立した地方の歴史が書かれなかったことは、日本歴史の特色の一つであるが、その背景は広く深くて、見通すことも容易ではない。

国家の歴史

六国史を正統の歴史と考えると、日本の歴史というものは、何の疑いもなく国家の歴史だということになる。明治時代以来、初等・中等の教育の教科に歴史が加えられ、歴史は修身や国語と並んで国民精神を涵養《かんよう》するための重要な科目であった。そして、その日本歴史が、日本人の生活の歴史ではなく、日本文化の歴史でもなく、村や町の歴史でもなくて、常に国家の歴史だったことはいうまでもない。

六国史以来の長く重い伝統を受け継いで、国の歴史は歴代天皇の系譜を辿ることを中心に叙述され、歴代天皇の治世に起こったできごとを知識として受け入れることが、歴史の学習であると考えられた。神武天皇にはじまって今上天皇にいたる百二十余代の天皇の名を暗誦することが、歴史の学習の始めにして終わりであるとされたのである。

政治のかなりの部分が武士によって動かされるようになっても、新井白石が『読史余論』で、まず天下の勢が九変したとして国の歴史の枠組みを示して、武家をその中に位置づけた後に武家の勢五変として武家政治の歴史を書いた伝統は、近代の歴史叙述にそのまま受け継がれた。中央の歴史に対して、地方の歴史が書かれなかったように、国の歴史に対して、貴族、武士、庶民の歴史を書こうとした例は驚くほど乏しい。わずかに僧の歴史があるに過ぎない。

あとがき

乱開発ともいうべき土地利用の急激な進展の中で、過去の人間生活のありさまを伝える遺物がつぎつぎに発掘され、新聞やテレビがそれを報道する。新聞には刺激的な見出しをつけた考古学の記事が氾濫しているが、一般の読者の間では、断片的な記事の多くは時を置かずに忘れられ、新発見として紙面を飾ったことが、歴史の書き方をどう変えたのかを追跡する人は稀である。

資料の調査と歴史の研究が、現代ほど盛んであった時代はかつてなかったと言えそうであるが、歴史の書き方についての議論が、現代ほど低調だった時代もかつてなかったのではないかと思う。

歴史の書き方について考えるとすれば、多岐にわたる困難な問題に直面しなければならないであろう。ここでは、その中で、古代以来の日本人がどのような形で歴史を書いてきたかを概観し、そういう歴史を読んできた人々が、歴史についてどういう考え方をしてきたかを考えてみようとした。

ところが、その中の小さな問題でも、それを考えようとすれば、広汎な問題と繋がっており、論点を明確にし、充分に深めることは容易でなく、編集部から与えられた責を果たすことができなかった。筆者の非力を恥じるのみであるが、ここでとりあげられなかった近世・近代の歴史書の問題も含めて、他日を期したいと考えている。

大隅和雄

一九八七年五月三日

追記

本書は、弘文堂から出版された「シリーズにっぽん草子」の一冊として書かれた。小冊子であったために、近代の「日本史」について触れることができなかった。なお、本書の復刊にあたっては、弘文堂の快い了承を得た。記して感謝申し上げる。

参考文献

史学会編『本邦史学史論叢』（上・下）冨山房、一九三九年
歴史学研究会・日本史研究会編『日本史学史』（日本歴史講座　8）東京大学出版会、一九五七年
日本思想史研究会編『日本における歴史思想の展開』至文堂、一九六一年
丸山真男編『歴史思想集』（日本の思想　6）筑摩書房、一九七二年
井上光貞編『日本書紀』（日本の名著　1）中央公論社、一九七一年
桑原武夫編『新井白石』（日本の名著　15）中央公論社、一九六九年
坂本太郎『日本の修史と史学』（日本歴史新書　42）至文堂、一九五八年
坂本太郎『六国史』吉川弘文館、一九七〇年
坂本太郎『史書を読む』中央公論社、一九八一年
山中　裕『歴史物語成立序説——源氏物語・榮花物語を中心として』東京大学出

版会、一九六二年
日本文学研究資料刊行会 編『歴史物語　1』（日本文学研究資料叢書）有精堂出版、一九七一年
日本文学研究資料刊行会 編『説話文学』（日本文学研究資料叢書）有精堂出版、一九七二年
小峯和明 編『今昔物語集と宇治拾遺物語――説話と文体』（日本文学研究資料新集　6）有精堂出版、一九八六年
日本文学研究資料刊行会 編『平家物語』（日本文学研究資料叢書）有精堂出版、一九六九年
古典遺産の会編『室町軍記総覧』明治書院、一九八五年
尾藤正英「日本における歴史意識の発展」『岩波講座日本歴史　22』岩波書店、一九六三年
我妻建治『神皇正統記論考』吉川弘文館、一九八一年
大隅和雄『愚管抄を読む――日本中世の歴史観』平凡社、一九八六年
ピーター・ゲイ（鈴木利章 訳）『歴史の文体』ミネルヴァ書房、一九七七年

解説

王小林

本書の著者は、日本史の鬱蒼《うっそう》とした森を長年探検してきた経験から、うかつに踏み込めば迷いがちな読者に、鳥瞰する目によってもたらされる二つの視点——日本史における神話と歴史の関係と記述様式の多様性という、鮮やかな道しるべを示してくれる。

「エクリチュール」という語は、無論、たんに「書く」ことではない。それは、構造主義以後のヨーロッパの前衛的思想家たちが付与した衝撃的な意味——人は存在するという、まさにそのことによって「書いている」——を持つ（井筒俊彦『意味の深みへ』岩波文庫、二〇一九年）。本書の著者も、日本史を、無数の人によって「書き込み」「書き出された」歴史の世界として捉える。

例えば、七一二年に成立した『古事記』と七二〇年に成立した『日本書紀』は、体裁が異なるにもかかわらず、「記紀神話」という天地開闢の神話を含む「神世」を歴史の始まりに置く点で一致する。これは、東アジアにおいて文明の進んでいた中国で編纂された正史と称せられるものには見られない現象である。当時、歴史書ならば隣の中国から漏れなく輸入したことは、九世紀末に編まれた『日本国見在書目録』を見ればわかる。にもかかわらず、なぜ「神世」という「無時間の世界」が、日本史の出発点を象徴するこの二つの史書に取り込まれたのかは、ひとつの謎であった。

歴史学上のみならず、思想史の上でも重要なこの現象について、著者はひとまず、「なぜ日本人が歴史の冒頭に神話を据えてきたか」と問うた上で、

歴史というものは、世の中の移り変わりを記録することによって成り立つ。しかし、人間は、世の中の移り変わりを見つめながら、その中に変わらないものを見出そうとするものでもある。国家の変わらぬ秩序を明らかにするために、政府は歴史を編纂しようとするが、中国や朝鮮半島の国々に対して日本という国の特質を主張するために、『古事記』『日本書紀』が編纂された時、日本の歴史を一貫して流れている、変わらないものとして第一に掲げられたのは、天皇のあり方であった。そして移り変わる歴史の中にあって、一貫して変わらぬものは、神世に定められたからこそ歴史を超えたものであると考えられたのであ

る。（本書31－32頁）

という鋭い観察を示している。日本史には、その始まりにおいて、「歴史を超えたもの」が、なんとも必要だったのである。

記紀神話をただ「ありのままの事実」として堅く信じていた本居宣長の時代から二世紀半以上経つものの、この「歴史を超えたもの」を取り入れたことの意義は、まだ近代的学問による検討が十分なされていない。つい最近でも、やはり「道案内」の形で次のように紹介されている。

神々の物語に登場する天照大神の子孫として天皇家が登場し、人々の世界もその一続きの歴史の延長線上にある。内容のみに関するかぎり、この二つを決定的に分けるのは神武天皇による全国平定事業と「帝位」（『日本書紀』による表現）への就任なのである。その背景となっている時間の流れは、「神代」から、天照大神の子孫の系譜にそって、一つながりになっている。それはすべて、いまも人々が生活している、この現実界の内の出来事として語られているのであり、その意味では「神代」の物語もやはり歴史の一部である。

（苅部直『日本思想史への道案内』NTT出版、二〇一七年）

ここでは、記紀神話はもっぱら自然に導入されたものとして、「現実界の内の出来事」「歴史の一部」とされているが、四十年近く前に書かれた本書は、すでに右記のごとき記紀神話理解を明確に否定している。

天皇の系譜は、それを遡って行けば発端は無時間の世界である神世に接している。しかし、それは、無時間の世界と歴史の世界とが、時の流れとしてひと続きに繋がっているということを言おうとしたものではなかった。

（本書30頁）

かくして著者は、記紀神話において「神世」と人々の世界が一体となっているのは、その本来の目的ではない、と明言する。その上で、

神話を冒頭に掲げて歴史を述べる『日本書紀』と『古事記』を、最古の史書として持つ日本では、歴史というものは、高天原の最貴の神の子孫である歴代天皇の系譜を語るものと考えられた。そこで起居注をもとにした天子の行動の記録を歴史の柱にするという中国の歴史の書き方が、歴代天皇の皇位継承の経

緯を語ることが歴史であるという神話の伝統を引く考えに、重ね合わせて理解されることになった。天子の起居と、その結果の中に天の意志があらわれているという思想は、連綿とした天皇の系譜の中に、天照大神の神意を見ようとする思想に重ねて受け入れられた。

（本書55頁）

というように、記紀神話の機能について、歴史学と政治学からその趣旨を解き明かす。

換言すれば、中国と日本は、それぞれまったく違う「天下」であり、圧倒的に優勢だった中国の「天下」と区別するために、日本では「無時間の世界である神世」が歴史書に取り込まれた。二十四史の伝統に規範を持つ「中国や朝鮮半島の国々」の歴史書とは異なり、「神世」は、まさにその「歴史を超えた」無時間性によって、その後の日本史の、様々な「エクリチュール」を可能にした。つまり、日本史にとって、「天地初発の時、高天原に成る神の名云々」と始まる『古事記』の記述方式は、中国の正史からも、中国中心の「天下システム」からも独立した、独自の時間の始まりの宣言を意味する。

古代の日本人にとって、「神世」を歴史に導入するということには、かくも重大な意義があったのである。

かかる著者の論点は、本書第三章以降の、日本史の様々な叙述様式についての考察に連結する。平明な語り口によって、漢字のみで書かれる中国の歴史書とは異なる、変体漢文、純漢文、和漢混淆文、仮名文など、様々な文体の歴史書が紹介され、仏教思想や神道思想などを盛られた世継の翁、説話、物語、軍記、伝記、自叙伝も、日本に生まれた独自の特色に富む歴史書として、明晰な筆致で素描されている。そして、本書を締めくくる言葉として、著者は、「中央の歴史に対して、地方の歴史が書かれなかったように、国の歴史に対して、貴族、武士、庶民の歴史を書こうとした例は驚くほど乏しい。わずかに僧の歴史があるに過ぎない。そこには「ミスティシズム」と、日本史全体に認められる国家偏重の傾向への批判も忘れない。「ミスティシズム」だけでは満足しない、「進歩としての歴史」（E・H・カー／清水幾太郎訳『歴史とは何か』岩波新書、一九六二年）に寄せる著者の熱き思いも感じられる。

無論、本書は日本史を学ぼうとする初心者への入門書ということもあって、著者の浩瀚《こうかん》な学識の僅か一斑を窺わせてくれているに過ぎない。これによって惹き起こされる大隅史学への好奇心を満たすには、著者によるその他数々の名著を読むことが近道であり、なかでも本書の理論に深く関わる『愚管抄を読む――中世日本の歴史観』（講談社学術文庫、一九九九年）を手に取れば、その巨視と微視の目を併せもった日本史探検の方法に、たちまち魅了されてしまうだろう。

ところで、解説者は、偶然にも十数年前から、本書が提起する記紀神話と歴史叙述の関係に注目したことがある。本書著者の卓論に触発され、ここにあえて、『古事記』と『日本書紀』における、「神世」を冒頭に飾るという「エクリチュール」の具体的なプロセスについて、一仮説を呈し、本書における論議の続貂《ぞくちょう》とさせて頂きたい。

門閥政治が盛んだった六朝時代の中国では、氏族の歴史意識の高揚と、通史への全体的な把握という二つの意欲に突き動かされて、歴史書の作成にあたって、新たな規範が模索されていた。その中から現れた皇甫謐の『帝王世紀』という書物は、天地の開闢から人皇が出現する魏の咸熙二年（二六五年）に至るまでの二七二代にわたる歴史を記したものであり、「人間史の開幕の説明と帝紀とを統一することに成功した」ことで、「古典的な宇宙生成論と帝王統治の世紀が」「簡便に網羅的に与えられた」と高く評されている（戸川芳郎『漢代の学術と文化』研文出版、二〇〇二年）。ただ、この歴史書は佚書《いっしょ》として長い間歴史家に忘れ去られ、『日本国見在書目録』にも著録のみ見られ、実物は残っていない。

しかし、興味深いことに、『帝王世紀』の残編より復元されたその内容は、『古事記』と多くの点で類似している。神話の部分を除き、人皇に関する各記事の構成は基本的に、（一）出自と人となり、（二）政治実績、（三）王統譜、（四）死去時の年齢または在位期間、(五) 埋葬地、となっているが、『古事記』の各天皇にかんする記事も、ほぼこの五項目に対応する構成内容となっている。また、分量、表現、文法など細部にわたる類似も目立ち、とりわけ紀伝体でも編年体でもないその様式と『古事記』の類似が目を惹く。

『帝王世紀』が取る様式は、現在知られる中国史の最古の歴史記録、紀元前四世紀に現れたとされる「葉書」と「牒」にまで遡ることができ、ともに「紀系謚之譜」――王者の系統を記述するもっとも原始的な形態とされている。それが『世本』、汲冢書『竹書紀年』、『漢紀』、『古史考』を経て、『帝王世紀』に至って、史書の一類型として完成を見せた。内藤湖南、戸川芳郎らにも指摘されたように、正史を尊ぶ中国の歴史書のなかで、『帝王世紀』は、讖緯思想に色濃く塗られた独自の宇宙観を人皇の歴史と結びつけることによって、朝廷の正統性を強調することに成功したのみならず、それ自体が六朝という時代を特徴づける重要な一政治現象でもあった。

では、『古事記』と『帝王世紀』の間に見られる諸々の類似点は、何を意味するものだろうか。ここに拙論の一部を引用しておく。

『古事記』の編纂事業は、歴史的な立場から神話伝承を含む種々雑多な帝紀、旧辞の整理を通して、新たな時代に相応しい帝王の系譜を作ることであったため、太安万侶にとって、新しい歴史叙述の方法を模索する第一歩として、そうした先行資料の点検や取捨と同時に、規範たるべき史書の選定によって執筆方針を決定することも、その編纂作業の重要な一環であったと想像される。『帝王世紀』という書物は、『初学記』や『芸文類聚』とともに、恐らく当時既に利用できる条件にあったのであり、我々が両文献の間に見る前掲の諸々の類似点を、『古事記』における『帝王世紀』受容の痕跡として認めるべきであろう。

また、こうした類例を通して、太安万侶の編纂方針——『古事記』をして「帝皇日嗣」としての統一性を持たせる意向と使命感のようなものも強く感じられる。(中略)この事業で終始優先されていたのは、明らかに各代の皇統譜を漏れなく、一定の規範に則って記述することである。我々が『古事記』に見える執拗なまでの、同じパターンで繰り返される皇統譜こそ、太安万侶の目指した目標であり、到達点でもあろう。そして、そのような彼の仕事を成就させたのは、新たな歴史叙述を模索する史家として情熱のほか、『帝王世紀』という漢土伝来の書物もその参考書たるべく一役を買っていたのであろう。

(王小林『古事記と東アジアの神秘思想』汲古書院、二〇一八年)

ともかく、『帝王世紀』というユニークな歴史書に出会ったことをきっかけに、

『古事記』の編纂者が、中国史の圧倒的な「単一性」から脱出する道を見いだし、現在見られるような歴史叙述の様式を確立した可能性が考えられる。

繰り返すが、『古事記』の編纂者にとって、天地開闢より天皇の統治へと続くその皇統の正当性を強調するために、正史とまったく異なる原理と規範が必要とされていた。まさにそのような希求を満たすように、「家牒」と「世本」の流れを汲む『帝王世紀』が、編纂者の目に止まり、その編纂方針と様式が利用され、最終的に、現存する『古事記』の様式が成立したと考えられる。そして、八年後に編纂された『日本書紀』も、紀伝体という形を取りながら、『古事記』編纂の基本方針を黙契《もっけい》として守り、現在見られる構成に仕上げられたと考えられよう。二つの歴史書は、いずれも国家の事業として企画されていただけに、相互に見られる様式の相違を、それぞれ対内宣伝と対外交流――この場合の対外とはあくまでも「天下システム」の中心である中国を指す――の政治方策によるものと理解すれば、疑問も氷解しよう。

以上はあくまでもひとつの仮説に過ぎないが、これをもって本書著者の「日本史のエクリチュール」という語に示唆される古代日本の歴史世界に繰り広げられていた激しくもスリルな知的ドラマへの想像力を、少しでも豊かなものにして頂ければ、冒頭に述べた「鮮やかな道しるべ」という本書への評語も、決して虚言でないことが理解されよう。

近年、時間というものの「単一性」を否定した物理学者は、目から鱗が落ちるような理論を提唱している。

時間は、場所が違えば異なるリズムを刻み、異なる進み方をする。この世界の事物には、さまざまなリズムの踊りが編み込まれている。踊るシヴァ神がこの世界を支えているのであれば、一万のシヴァ神がいるはずなのだ。ちょうどマティスの絵画のような、巨大な踊り手たちの集団が。

（カルロ・ロヴェッリ／冨永星訳『時間は存在しない』NHK出版、二〇一九年）

本書がその序文において、蜜蜂の巣の二つの歴史という比喩を用いて表現しようとしたのも、まさに「異なるリズム」「異なる進み方」を持つ日本史の世界であり、数々の日本の歴史書を通して読者に開示しようとしたのも、古代東アジアを支配していた正史の呪縛から解放された、さまざまなリズムの踊りが編み込まれた歴史の世界にほかならない。この巨大な踊り手たちの集団によって織りなされる歴史図絵を前に、指針たる本書の、簡にして要を得た案内を手にすれば、異彩を放つ日本史に触れる知的な喜びは、すでに約束されている。

（おう・しょうりん／東西哲学研究所代表）

＊本書は一九八七年六月に弘文堂から刊行されたものを底本にしています。

大隅和雄（おおすみ・かずお）

一九三二年、福岡県福岡市生まれ。一九五五年、東京大学文学部国史学科卒業。一九六一年、同大学院博士課程中退。一九六四年、北海道大学文学部助教授。一九七七年、東京女子大学文理学部教授。現在、東京女子大学名誉教授。

専攻は、思想史・文化史。『中世思想史への構想――歴史・文学・宗教』（名著刊行会、一九八四年）、『愚管抄を読む――中世日本の歴史観』（平凡社、一九八六年／講談社学術文庫、一九九九年）他、多数の著書・論文がある。

日本史のエクリチュール

二〇二四年六月七日　第一刷発行

著　者　大隅和雄

発行者　大隅直人
発行所　さいはて社

住所　滋賀県草津市新浜町八番地一三（〒五二五－〇〇六七）
電話　〇五〇－三五六一－七四五三
ファクス　〇五〇－三五八八－七四五三
ホームページ　https://saihatesha.com
メールアドレス　info@saihatesha.com

組　版　ＴＳスタジオ
印　刷　共同印刷工業
製　本　新生製本

ISBN 978-4-9912486-4-1